ケイト・スティーヴンソン【著】
Cait Stevenson
大槻敦子【訳】

中世ヨーロッパ「勇者」の日常生活

日々の冒険《クエスト》からドラゴンとの「戦い」まで

How to Slay a Dragon

A Fantasy Hero's Guide to the Real Middle Ages

原　書　房

中世ヨーロッパ

「勇者」の日常生活

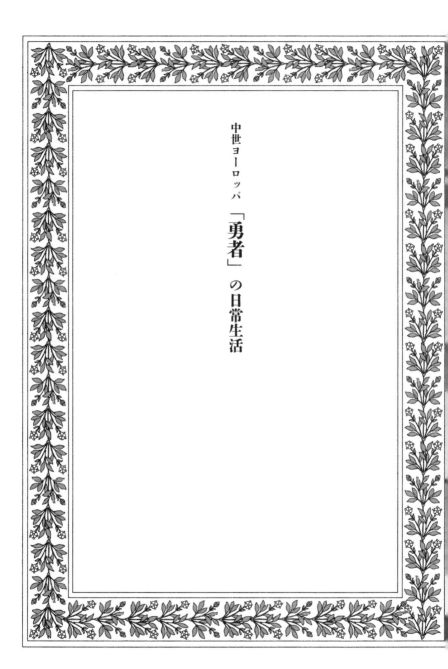

目次

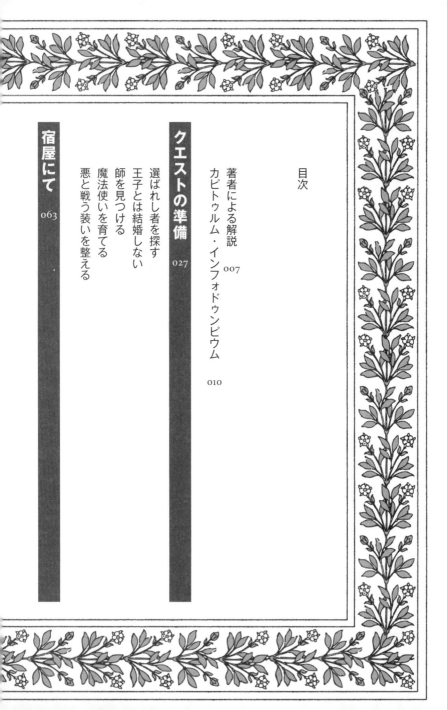

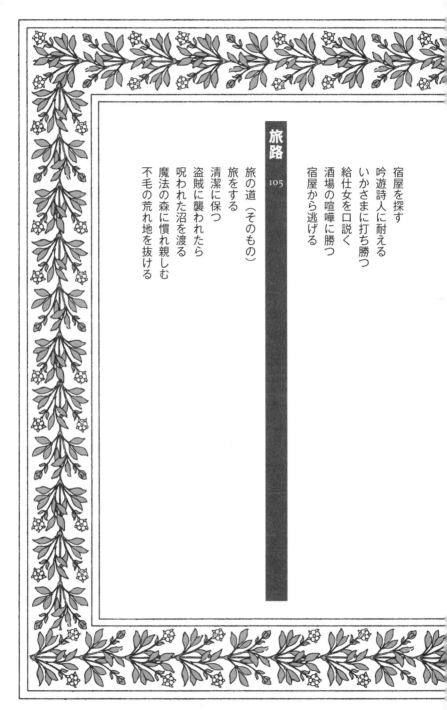

道中の危険

159

ドラゴンが村を襲ったら
ドラゴンを退治する
ドラゴンを手なずける
海のモンスターの攻撃に耐える
食われないようにする
地平線に黒い雲が現れたら
果てしなく続く冬を乗り越える
「蛮族」を打ち負かす
魔人を出し抜く
ユニコーンを見つける
埋められた財宝を掘り出す
炎と戦う
いにしえの神々を蘇らせる

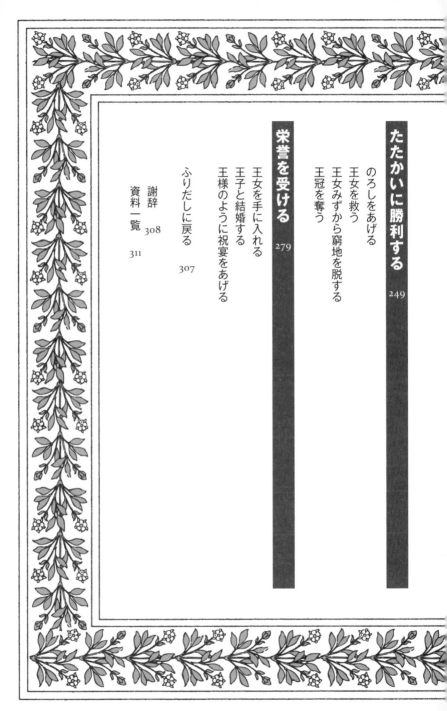

著者による解説

5年前、中世の支配者たちは城を襲うドラゴンの対策を立てていましたか、と質問を受けた。わたしは、暗黒時代は実際には暗黒ではなく、人々はドラゴンが伝説の生き物だとちゃんと知っていたと常識的な返事をした。だが、その答えのどこに情熱が、想像力が、歴史があるというのだろう？　そんな答えがどうしてあなたを別世界（実際にはわたしたちの世界でもある）へ連れていけるというのだろう？　わたしが返すべき答えは、カイロのスラム街で人々が屋根から屋根へと飛び移って火事を消したようすや、ロンドンの人々が大気汚染と戦おうとした話ではなかったか。それから5年間、わたしは自分の返答を後悔し続けてきた。本書はそんなわたしの罪滅ぼしの書である。

わたしはサブタイトルで、取り上げた時代を「リアルな中世」と名づけた。本書は歴史書である。若干《じゃっかん》ふつうではないだけだ。物語、事実、中世について語られている内容はみな、査読された二次資料もしくは自分で調査した一次資料に基づいている。脚注はほとんどない。資料一覧は自分がうそをつかないためにある。一次資料の引用は多くが自分の手によるものだが、オリジナルの言語の文書が手に入らなかったり、自分ではアラビア語が読めなかったりするために、ときどきほかの学者の作品に頼っている。そうした文献は巻末にまとめておいた。

いくつかの章では、わたしの一次資料の解釈が現在の学界での解釈とは異なっている。それぞれの箇所で自身の見解の根拠を説明しようと試みてはいるが、本書は完全な学術論文ではないのでそれでよしとしたい。

わたしは5年にわたって（なんという偶然）世界最大にしてもっとも成功しているインターネットの公開歴史フォーラムAskHistorians（www.askhistorians.com）に寄稿してきた。ごくまれに、これまでのわたしの返答（アカウント名――/u/sunagainstgold）に使われた文章やアイデアが本書で使われていることがある。なお、Redditの利用規約にしたがって、AskHistoriansにおけるわたしの文献の著作権はわたしにある。

本書では、学問の慣行にしたがって、よく知られている人物の名前には現代の名前（カロルス・マグヌスではなくシャルルマーニュ）を用い、あまり知られていない人物にはオリジナルの形（キャサリンではなくカタリナ・トゥーハー）を用いている。ラテン文字以外の言葉は音声を区分する記号をつけずに（ā は用いないなど）ラテン文字に書き直した。中世の言葉は楽しめればいい。スロヴァキアの窃盗団はGlowatyともHlavatyとも綴《つづ》れるけれども、街を人質にとった同じ窃盗団だ。そのような例では、本書全体で表記を統一した。

ほかに、学問の慣行を踏みにじって、ほかの中世研究家を悶々《もんもん》とさせている箇所もある。そのさいたるものは、絶対に必要な場合を除いて、現代の地名を使っていることだ（それから、中世が1520年代に終わったこと。これについてはわたしは絶対に正しい。絶対に）。

要するにここでいいたいのは、中世は最高の時代だということである。とにかく、わたしは中世に対するこの愛を読者に届けるべく最大限の努力をしたと述べておこう。

カピトゥルム・インフォドゥンピウム

（プロローグをラテン語風に書いてみた）

　1000年もの年月と地球の半分。中世の世界にはそれに値するだけの人々がいた。あなたがそのひとりになり代われるとしよう。

　もしかするとあなたはマルガレーテ・ボイトラーだったかもしれない。裕福な夫と若くして死に別れたボイトラーは、全財産を貧しい人々に与え、世の人が困窮者にではなく自分に寄付した資金を使って5年のあいだドイツ南西部をめぐった。旅のあいだはおそらく神の教えを説いていたのだろう。ただし、当時はキリスト教徒の女性が公の場で伝道や説教をしてはいけない時代だった。そのため彼女はマールブルクで「邪悪な盗っ人」として捕らえられ、溺死刑を宣告された。とはいえ、ボイトラーは権力者のつてを頼って修道院に落ち着き、その後は自分でいくつもの修道院を束《たば》ねることとなった。

　あるいは、あなたはアラブ系イタリア人商人のピエトロ・ロンブロで、エチオピアへ渡り、

家庭を築いて、国王の命によりイタリア（と、おそらくインド）に派遣される特使となって、エチオピア系イタリア人の従者や司教と親しくなったかもしれない。

いや、そこまでいかなくても、自分が伝え聞いた海賊や海のモンスター、最果ての島々にまつわる信じられないような物語を書き上げたことで知られている架空の人物ブズルク・ブン・シャフリヤールぐらいにはなれるのではないか？

いいえ。

あなたは結局のところ……あなただ。市場が開かれる最寄りの「まち」から20キロ、ちゃんとした街からは2000キロも離れた村で暮らしている。村のだれもが恐怖におののきながらこの世の終わりについてうわさしているが、あなたはこう思う。どうせ、こんな辺境の村なんて世界の終焉《しゅうえん》という大事件にさえ無視されてしまうに決まってる。

そんなある日の夕暮れ、見知らぬ訪問者が埃《ほこり》にまみれながら（主要道路以外は未舗装なので）村に馬で乗り込んできて、羊皮紙の写本を振り回しながら大声でなにかを叫ぶ。これにはさすがのあなたも高揚した。いや、それどころではない。その人物はあなたを探しているではないか（あなたが物語の主人公なのだから当然といえば当然だが）。

謎の人物は片手にたいまつ、もう片方であなたの腕をつかんで、村唯一の道沿いにあなたを引きずっていこうとする。あなたは恐れながらも、勇ましく困難に立ち向かおうと同行する。

もちろん、その地方の村の農民は農地に囲まれた集落で暮らしているため、ひとけのない場所にたどりつくまで、かなりの距離を歩かなければならない。やがて、見知らぬ訪問者はどこかのぬかるみの上に手際よくマントを広げる。ふたりで腰をおろすと、訪問者が本を差し出す。

「えっ？　こんなの絶対読めない」とあなた。

訪問者は肩をすくめる。「大丈夫。だれもが、スペインからアラビアまで旅をしてイタリアで市街戦について語ったトゥデラのベンヤミンじゃあるまいし。でもこれが、ドラゴンを倒し、玉座につき、その道のりで数々の不可思議な魔物を打ち負かす勇者を導く本であることに変わりはない。まずは外の世界について知るために役立つだろう。公教育制度がないとはいえ、きみのような中世の農民であっても、幅広い世界についての知識はけっこうあるはずだ」。訪問者はひと呼吸おいて続ける。「好都合なことにスペルはまだ標準化されていないから、発音は気にしなくていい」

あなたが訪れる世界

中世の世界の特徴は4つ。それは丸い、大きい、不完全、そして海のモンスターだ。

ひとつ目。そう、世界は丸いことを人々は知っていた。

あとの3つは……

地理的にも、めちゃくちゃな比喩としても、「中世の世界」は、地中海を泳ぎ、アジア、ヨーロッパ、アフリカに巻きつく、いくつもの頭を持ったウミヘビの怪物ヒュドラだった。

あなた（と、中世の地理学者）の目から見れば、「アジア、アフリカ、ヨーロッパ」とは、東端が南に向かってカーブしているアフリカの北部沿岸地域、アラビア半島とその北側の土地、スカンディナヴィアを北限とするロシア西部、そしてヨーロッパ大陸の西端から地図の隅っこにあるイングランドまでだ。アイスランドはさらに外側にあり、その先には恐ろしい外海だけが広がっていた。そうそう、人食い人種も。

多くの地図では否定されているが、実際、ヒュドラはさらに遠い場所まで細々と手を伸ばしていた。西アフリカの王国、スワヒリの都市国家、インド、そして中国を取り巻く人の往来から生まれた結びつきにもまとわりついていた。カナダ北部、トゥーレの商人はグリーンランドまで旅して、れんがや陶器などの粘土製品を取引し、古代スカンディナヴィアのアイスランド人は南方のカナダ沿岸へと航海して、ひょうたんかぼちゃを持ち帰った。要するに、中世の世界は大きかった。

壮大なファンタジーのまぎれもない主人公であるあなたの旅は、外海へと、果ては、太陽の熱で地面が燃えるほど暑い南方の大地へとあなたをいざなう。とはいえ、現在知られているようなアフリカ、アジア、ヨーロッパの外側の地域で栄えた文化は「中世の世界」には含まれていない。そうした文化や政治の変動を、ここでいう古代や中世の区分に押し込めることはできない。

ほかの歴史の時代区分と同じように、中世にははっきりとした始まりも終わりもなく、それらしい年代があるだけだ。人によって定義が大きく異なるため、特徴がひとまとめにされてしまうことにだれもが怒っている。ここでは、あなたが主人公で、だれの指図も受けないのだから、あなたの思考を導く年代は「常識」とちがってもいいだろう。ちなみに一般には、中世は、都市ローマが再度蛮族に略奪された476年から、イングランドとフランスがようやく争いに疲れた1453年までとみなされている。けれども、ひとつの都市が略奪されたからといって帝国が突然崩壊するわけではない。どのみち、遠く離れた世界の政治に基づいてひとつの時代が終わったと定義されたところで、ひとりひとりの暮らしはなにも変わらない。

あなたにとっての中世は、ありえないような方法で世界地図を塗り替えたふたつの大きなできごとと結びついている。ひとつは7世紀半ばで、アラビアで誕生した新しい宗教と初期の信者の闘志が、近東と北アフリカからイベリア半島南部にいたるまで広く征服を押し進めたことだ。もうひとつは、1520年代に、ひょんなことから西ヨーロッパに新しい形のキリスト教が興り、それまで「教会」として知られていた世界最大にして最長の権力が砕け散ったことである。

中世の1000年間には地政学の地図を部分的に書き換える試みが2度あった。成功したとはいえ感心するほどでもないやり方で、イベリア半島北部にある複数のキリスト教王国が、500年近くを費やして半島全体の唯一の支配者になろうと試みていた。各王国はみなその行為を「再征服《レコンキスタ》」だと主張したが事実は異なる。まず、711年までイベリア半島南部を支配していたキリスト教徒は、中世の基準に照らせば異教徒だった。そして、ほとんどの場合、争っていたのはキリスト教王国同士だった。

世界を描き直す試みであまりうまくいかなかったのは……西ヨーロッパのキリスト教王国が寄り集まって企てた近東の細長い土地の征服だった。第1回十字軍遠征(1095~99年)として知られる征服はおおむね計画通りに運んだ。だが、その後150年ほどかけて、イスラム教徒は西のキリスト教徒を追い出した。第2~9回十字軍は最初の成功を繰り返すことができなかったばかりか、神の望むまま《デウス・ウルト》にという皮肉な鬨《とき》の声で西ヨーロッパ社会を納得させることにも失敗した。十字軍全体が捕虜に取られ、国王の身代金だけでフランスの歳入の3分の1が必要となれば、十字軍が成功したとはいいがたい。その国王が遠征でチュニジアまで軍を進めた結果、ひどい下痢で急逝したとあればなおのことである。

(一方、東方正教会は一時的とはいえ、かつての領土を取り戻していた。でも、東方正教会に思いをめぐらせる人がいるだろうか? たぶんいない。取り上げたほうがこの本はよくなるだ

ろうか？　たぶんならない）
あなたの道しるべとなる中世の物語はつまり、「キリスト教世界」と「イスラム教世界《ダール・アル・イスラーム》」をそれぞれ内側から作り直そうとする人々の物語でもある。よくいわれるように、中世全体を通して、そうした変化には人口の急増、都市の復興や勃興、技術の発展、西ヨーロッパで大きな権力を手にするようになった教会、信仰や人種に基づく迫害の増加、ほかにも雑学に役立ちそうなちょっとした話が含まれている。そして政治はというと……中世を通して、時代には順序があり、それがオーバーラップしていたりもする。たとえば、

◆ブルグント族
◆ブルグント王国
◆ブルゴーニュ王国
◆北ブルゴーニュ王国と南ブルゴーニュ王国
◆南北ブルゴーニュ王国が再統一されたアルル王国
◆ブルゴーニュ公国
◆ブルゴーニュ地方

ついでにいうなら、南ブルゴーニュ王国はプロヴァンス王国でもあるが、プロヴァンスを治めているのは伯爵で、その伯爵はイタリアの王だ。

長文が面倒な人のためのまとめ――「中世の世界」とは、

◆とても大きいが、地球全体やそこにいる人全員まではカバーされていない。
◆地中海の北側にあるおもにキリスト教の王国。
◆北アフリカと近東のおもにイスラム教の王国。
◆イスラム教徒と西のキリスト教徒の領土のあいだのアナトリア［トルコのアジア部分］には、同じくキリスト教のビザンツ帝国もあるが、ほぼ無視されている。
◆だいたい１５２０年代に終わった。
◆イスラム教徒とキリスト教徒が戦ったとき、「神《デウス》」が実際に「望んだ《ウルト》」のは、フランスの国王が赤痢で死ぬことだけだった。

あなたが出会う人々

中世の人々はなにはさておき、人間だ。13世紀のエジプトの人々は夜になれば犬とくつろぎ、14世紀のイングランドには犬にふさわしい名前のリストがあった。人々は浮気もすれば、うそもつき、わが子を愛し、自分の命が危ないとわかっていても疫病で倒れた人を看病した。

人々はまた、いくつかの異なる宗教、あるいは同じ宗教の異なる宗派を信仰していた。一般に、中世の宗教は信条に重点を置くというよりむしろ、中世世界のエーテル――だれもが存在を信じている目に見えないコミュニケーション・ネットワークのようなもので、程度の差はあれど、だれもがかかわり、日々の行動の背景どころか根幹をなしていたもの――のような役割を果たしていた。

中世の世界では、宗教が個人のアイデンティティを決めるうえで、おそらく（ジェンダーを除いて）いちばん重要な要因だったかもしれない。なぜなら、勇者どの、あなたがキリスト教、イスラム教、あるいはユダヤ教のどれを信仰していても、ほかの人々（たとえ隣人でも）の信仰をさげすむようなきわめて不適切な育て方をされていたからだ。もしあなたがキリスト教かイスラム教の信者なら、ユダヤ教徒が世界を創造した唯一神を信じていることを知っておかなければならない。ユダヤ教では、ユダヤ人は神に選ばれた民で、イスラエルの国そのものであり、彼らは「民」と「国」という言葉をきわめて重く受け止めている。ほかの宗教の信者をユダヤ教に改宗しようとする試みは存在しない。広範囲にわたる宗教上のおきてにみなでしたがうだけでなく、宗教と人々が民族という形で一体化している。結果として、中世のユダヤ人は自分たちだけで支配する領土を持たず、ヨーロッパや近東のさまざまな都市に散り散りになった。中世の後半、ヨーロッパは科学、社会、政治のどれをとっても、いちだんと「秩序」にこだわるようになり、無秩序を罰することで秩序の意味を明確にしようとした。キリスト教が主流の西洋にいたユダヤ人にとってそれは、キリスト教への強制的な改宗、生まれ育った都市や国からの追放、あるいは一都市のユダヤ人全員を根絶やしにする大虐殺を意味した。

そうしてもたらされたのが、ユダヤ人の神と聖書を自分たちのものと主張し――聖書の続編まで書いて――「ユダヤ人は神に選ばれた民である」という約束をあっさり忘れた宗教である。中世のキリスト教（その意味では近世も）はふたつの点で独特だ。もしあなたがキリスト教徒なら、唯一の神が同時に3つの神、つまり父なる神、子の神、聖霊の神であると信じている。子はイエスという名を持つパレスチナのユダヤ人大工となった。彼は本物の人間で、宗教運動を始め、人類が永遠に地獄で暮らさなくてもすむように、みずから十字架にかかった。

キリスト教の独特な点はもうひとつ、強い中央権力と役職の階層組織、すなわち教会である。中世よりずっと前にも教会はあったが、教会といえばやはりキリスト教の教会だ。ローマに拠点を置く西洋の教会はそれ自体が政治権力で、役職者の多くは事実上の君主だった（一方、ほかの聖職者、たとえばあなたの村を訪れたような地域レベルで活動する司祭は特に、食べていくために副業を持たなければならなかった）。

中世のキリスト教生活の中心はミサと呼ばれる正式な教会の礼拝で、ミサのおもな儀式は聖体拝領と呼ばれた。これは、ワインと薄いウエハース（西洋）あるいは本物のパン（その他の教会）からなる儀式的な食事である。目的は、十字架にかけられたキリストの死を再現すること（なにしろイエスは中世ではならぶものがないほどよく知られていた）、そして肉体的に罪と死に対する勝利の分け前にあずかることである。

中世で3番目に大きな宗教だったイスラム教は、ユダヤ教とキリスト教の神を自分たちのものと主張して、イエスを神から預言者に格下げし、古い物語を取り入れながら新しい要素をつけくわえた一連の聖典をかかげ、キリスト教とユダヤ教をごちゃまぜにして、キリスト教がユダヤ教に与えた仕打ちの仇《かたき》を討った。あなたがユダヤ教徒かキリスト教徒である場合を考えて述べておくと、イスラム教徒は、宗祖で重要な預言者あるいは使徒であるムハンマド（こちらも実在した人物で632年に没した）にクルアーン（コーラン）を口述した神――アラビア語ではアッラー――を信仰している。

中世のイスラム教徒の日々の生活は礼拝を中心に営まれていた。礼拝は日に5回で、金曜日には特に重点が置かれていた。裕福なイスラム教徒は女性（自分の財産や所有物を管理していた）も含めて、慈善への寄付という宗教的な義務をいたって重要なことだと考えていた。あなたがイスラム教徒なら、ハッジと呼ばれる特別に重要な巡礼を夢見ることだろう。もっとも、聖地メッカへ旅する余裕がない人が一度も巡礼できなかったとしても、まったく問題ない。かたや、マリ帝国の王マンサ・ムーサのように、エジプトへ向かう途中であまりにもたくさんの金を振る舞った結果、たったひとりで地中海地域の経済を10年も低迷させてしまった人もいる。

中世の宗教はユダヤ教、イスラム教、キリスト教だけではない。北アフリカのベルベル人や北欧のサーミ人は固有の信仰を保っていた。イスラム教の作家はしばしば、ヒンドゥー教やペルシアのゾロアスター教をギリシア神話の観点からとらえていた。そしてキリスト教徒はというと……まず異教徒の王や王国をキリスト教に改宗させ、そのうえで異教について残された情報をすべて書き記した。書き手のプロパガンダを交えて。

当然のことながら、地理だけを見てだれかの宗教や肌の色がわかるわけではない。イベリア半島のイスラム勢力圏であっても、イスラム教徒、ユダヤ教徒、キリスト教徒が混在していた。アラビア人、ベルベル人、ブロンドで青い目のイスラム教徒、そして周囲に溶け込むために赤毛を黒く染めた人間が少なくともひとりはいた（イスラム教徒はみな「黒人」だと書いたキリスト教徒の書き手の話はなんだったのだろう）。13世紀のドイツの芸術家は、おそらく一度も生まれ故郷を離れたことがなかったにもかかわらず、イスラム勢力圏だったサハラ以南のアフリカ付近で暮らすアラビアの商人そっくりの肌の色や特徴を持つ聖人の彫刻を作ることができた。イスラム教のカイロ出身のユダヤ人商人がインド洋の貿易に携わり、ギリシア人のキリス

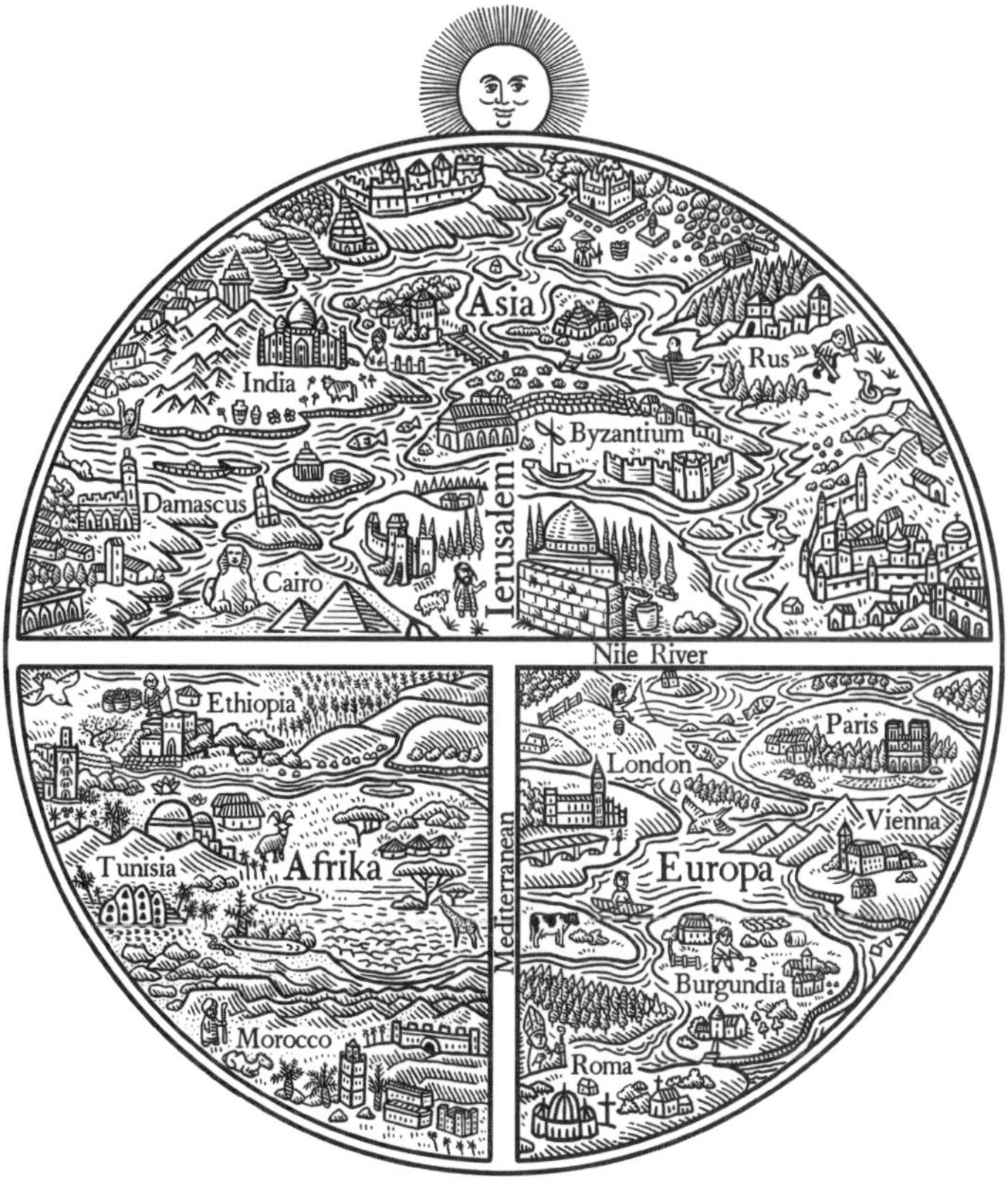
Asia
India
Rus
Byzantium
Damascus
Jerusalem
Cairo
Nile River
Ethiopia
Tunisia
Afrika
Mediterranean
Morocco
Paris
London
Vienna
Europa
Burgundia
Roma

ト教徒の女性がイスラム教徒やシャーマニズムを信じるモンゴルの君主《ハーン》と結婚した。

そして、キリスト教徒（と、たまにイスラム教徒）が異なる信仰を持つ隣人に突然残忍な態度を見せる場合があることは、地理を説明しなくても、いや実際のところなにもいわなくてもおそらくわかるだろう。人間は、所詮人間なのだ。

長文が面倒な人のためのまとめ——

◆中世にはいい人もいる。

◆中世にはかなり悪いやつもいる。

◆犬はかわいい。

カピトゥルム・インフォドゥンピウム　完

もう訳がわからなくなってきた。あなたは見知らぬ訪問者の手から本をひったくる。「やめろ！」ほとんどわめきながら、あなたは本をぱらぱらとめくって最初のページに手をたたきつける。「世界についてはよく知っているさ！　でも言葉がわからないんだ。だって、文字が読めない94〜99・9パーセントの農民のひとりなんだから！」

「まだね」と、あなたの悲鳴を無視して訪問者はいう。「まだ、読めない。それでいいんだ。読んであげよう。勇者の旅に出て、冒険をし、ドラゴンを倒して、邪悪な存在を打ち負かし、世界を救う方法を学ぶのに、ほかにどんな方法があるんだい？」

見知らぬ訪問者は本を取り上げ、大切なものであるかのように最初のページをなでつける。

頭上では、大気汚染も光害もない漆黒《しっこく》の空に星がまたたく。たいまつの光と影がちらちらと羊皮紙の上で揺れるなか、訪問者が読み始める。

「まずは……」

クエストの準備

選ばれし者を探す

あなたが生まれたとき、空からヘビは降ってきたか。太陽が西から昇って東に沈んだか。父親は姿をいつわった悪魔だと、母親がふと口にしたか。

ひとつでもあてはまる？ それはよくない。勇者の第1の条件は、あなたが選ばれし者になりたくないと思うことだ。この3つはみな選ばれし者のしるしである。

厳密にいうと、中世で選ばれし者になるのはそれほど悪いことではない。地中海を取り巻く中世世界の3大宗教――イスラム教、ユダヤ教、キリスト教――はそろって、自分たちを苦しみから解放してくれるであろう（敵を無慈悲に虐殺することの上品な言い回し）神に選ばれし者を心待ちにしていた。とはいえ、実際、もっともよく知られていた選ばれし者はキリスト教の十八番である反救世主で、アレクサンドロス大王によってゴグとマゴグの門の向こうに封じ込められる、と預言された邪悪な反キリストだった。やがて門を守っていたアマゾネスが敗れ、世界の破壊と荒廃を引き起こす反キリストは、監禁から解かれてしまう。

やはり、世界の荒廃は勇者にふさわしくない。

でも、勇者の第2の条件は、あなたが選ばれし者であるということだ。ということは、クエストの始まりはふたつの重大な問いとかかわっている。まず、善あるいは悪の力はどうやってあなたを見つけるのだろう？　そして、見つかったあなたは、ドラゴンはもちろん運命と戦えるのだろうか？　可能な答えは3つある。

運命との戦い1――神々のお告げ

外周が炎と1000本の剣で縁取られた巨大な車輪が空で燃えている。車輪は13本の鎖で天からつるされ、地上が燃えて人類が全滅しないよう炎を防いでいるのは、たった13人の天使だ。やがて空全体が炎に包まれ、火が地上に降り注ぐ。おびえた人間たちはいちばん深い洞窟へと走るが、そこにも隠れる場所はない。生き残れるのは早くから兆しに気づいた者だけだ――ただし、けっして振り向いてはいけない。

自分が戦ったのはこんな未来のためだったのか？

このような光景を現実にしたくないなら、たとえあなたがすでに選ばれし者と決まっているのだとしても、ここは神の啓示を信じてみるといい。中世のキリスト教徒の女性たちならまちがいなく、あなたに信じてもらいたいと思ったことだろう。

中世の教会は女性が公の場で教えを説くことを禁じた。これが12世紀になると、何人かの女性たちが、自分たちを介して神が話していると司祭を納得させることさえできれば、教えを説くことができると気づいた。カヤの外に置かれた男たちは、(正確さで名高い中世の医学がいうように)女は肉体的にも精神的にも男より弱い性なのだから、神から見れば女を介してお告げをするほうが楽なのだろうと自分たちを慰《なぐさ》めた。

もちろん大きく、いや、ほどほどでも、成功する見込みは低かった。それでも、ひとたび成功した女性たちは、お告げという意味でも、結果として得た権威という意味でも驚異的だった。女子修道院長だったビンゲンのヒルデガルト(1098〜1179年)は、作曲家、神学者、人生相談コラムニスト、黙示録の預言者としてヨーロッパ中に知られるようになった。男たちは、自分の信頼性を高めるために彼女の名を使って預言を書いた。マクデブルクのメヒティルト(1292年没)は修道院には入らずに自身で宗教生活の形を築くことを選んだために、激怒した教会の指導者に本を燃やすと脅された(本人を火あぶりにする前の最初の一歩)。農民で政治活動家だったマリー・ロビーヌ(1399年没)は、1000本の剣がついた燃える車輪のお告げを見たおかげでとても裕福になり、墓地で暮らすことを選んだ。

もちろん、ヒルデガルトが預言した世界の終わりは訪れなかった。メヒティルトの預言も実現しなかった。そして、マリーの燃える車輪が空から落ちることもなく、人類は洞窟に逃げなかった。

けれども、そうした世界の終わりがなかったからといって、選ばれし者を発見するお告げが信頼できないということにはならない。正しい選ばれし者を見つけるには正しいお告げを選択しなければならないだけだ。ならば、エリザベート・アクラー・フォン・ロイテあたりはどうだろう？

フォン・ロイテ（１３８６〜１４２０年）は信心深い修道女でのちに列聖されたが、彼女の預言が信頼できそうな理由はそれではない。信頼できるかどうかはフォン・ロイテが起こした奇跡に基づいて判断すべきである——彼女が新しい井戸の場所を特定したおかげで、地域の人は冬のさなかに遠い川からわざわざ水を運ばなくてもよくなった。さらに、証拠は結果に見いだすべきである——教会を引き裂いた大分裂はコンスタンツ公会議で終局を迎えるだろう、と彼女はみごとに予見している。

そうはいっても、フォン・ロイテのお告げはそれ以上のことはもたらさなかった。彼女の預言の唯一の記録は、実際のできごとより数年あとに書かれたものだった。そして、それが記されたのは半分がプロパガンダの本だった。

それでもお告げは使える。

少なくとも、役に立たないことを告げるものについては。

運命との戦い2――占い

剣、クリスタル、鏡、ヒツジの肩甲骨《けんこうこつ》……もしかすると、燃えている天空ではなく地面に近いところにしたほうが、確実に選ばれし者を見つけられる気もする。中世の世界には、当時を知り、未来を読むための材料はいくらでも転がっていたからだ。人間が暮らす世界は神から生まれ、神の手で宇宙と地球のその場所に置かれたものだった。ほぼすべての人にとって、命あるものもないものも、みな物理や化学と同じくらい自然に時の流れの神秘を教えてくれる存在だった。

もちろん、そうした神秘の解明は悪魔の力に手を出すのと同じだと考えて否定する人が必ずいる。それでもやはり、人々はそうした神秘を求め、説く。

中世のエリートには農民の伝承を守るつもりなどまったくなかったために、手相や占星術といった民間の伝統はみな失われてしまった。だが喜ばしいことに、学者たちが、子どものころから慣れ親しんだ「大衆的な」慣習と学問の知識を組み合わせて、伝統を記録している。

しかも、大量に。

牛の骨で、戦いの結果やあなたと結婚したくない女性の数がわかる。その理由の根底にある自然作用について知りたいと思う？　理由はどうでもいいから、そうした骨を解釈する方法を示す図表が見たい？　たいへんけっこう。アラビア語、ヘブライ語、ラテン語、中世ギリシア語の本を調べよう。それから、古代ギリシアと古代ローマの本。あと、古代ギリシアや古代ローマのものと主張されている本もだ。そうそう、必ず複数の本を調べたほうがいい。占いの本にはたいてい同じことは書かれていない。

たとえば、1300年ごろの作者不明の無題の本には、手が小さい男性は最初はいい人に見えるが、あとで牙をむくと書いてある。一方で、手が小さい女性は男性に興味がなく、肉体関係を持ちたがらない。同じく作者不明で無題の1350年代の寄稿文からは、手のひらを走る3本の線のうちの1本が薬指で止まっていたら、その人は「水死する」とわかる。

あるいは、手のひらの外側の端、親指と人差し指のあいだのスペース、手のひらのだいたいのつけ根のあいだにできる三角形の辺を見てみよう。あなたが勇者なら、その三角形はほぼ等辺だ——つまり、あなたは信頼できる人物で、名の知れた人間になれる可能性がある。もし上の辺のほうが長ければ、あなたは盗っ人。ああ、それから線が「薄い」場合は大当たり。あなたは絞首刑になる。

さっそく黒インクで三角形を描いてみたほうがいい。

運命との戦い3——古代詩

15世紀のニュルンベルクの宿屋の1リットル特大ビール、あるいは13世紀のカイロの街頭で開かれたお祭りの樽《たる》ワインでも飲んでリラックスするといい。なんといっても、忘れ去られた古い写本に書かれた太古の預言が達成されるかどうかなど、明らかに運命の負けに決まっているからだ。

あなたが中世のイスラム教徒なら、古代詩にある預言のことなどこれっぽっちも考えなかったにちがいない。イスラム教とその主要な預言者は中世に誕生した。あなたにとっての古代詩は、クルアーンの解釈にそのアラビア語が役に立つかもしれないから残してあるだけの、神の啓示より前の異教徒の詩でしかない。

あなたが中世のユダヤ教徒ならおそらく、ガリラヤ地方のどこぞの農民が自分たちユダヤの救世主の預言を成就したと信じているキリスト教徒を鼻で笑っているだろう。そして、キリスト教徒の見当ちがいを知っている自分たちをどれほど彼らが迫害したところで、「ともかく」キリスト教徒には神の選民を打ち負かすことなどけっしてできない、となおのこと鼻で笑っているだろう。

あなたが中世のキリスト教徒なら、預言として扱われている聖書以外の「古代」の詩は、じつは中世のものである可能性が高い。読者の興味を引こうと、作者が古い詩のように見せかけているからだ。

というわけで、神のお告げ、占い、古代詩のどれが中世の世界の選ばれし者としてあなたを指しているのであっても、慌てる必要はない。すでに運命は自滅している。

ただし、特大ビールにしろ樽ワインにしろ、酒を楽しむなら日々飲めるくらい弱いものにしておこう。選ばれし者にならなくてすむ方法は考え出せたかもしれないが、やはりドラゴンは倒さなくてはならない。

今こそ、自分らしい勇者になるときだ。

王子とは結婚しない

さて、いよいよドラゴンを倒し、玉座を奪い、場合によっては邪悪な支配のひとつやふたつを終わらせる旅に出る。だが、ヒツジをイナゴに変えてみたくはないか？　世界に名だたる50人の学者より賢くなるというのは？　ひょっとすると、暴虐な父親を雷光で殺したいとか？　もしそうなら、とりわけ神聖で信心深い女性の例に目を向けるといいかもしれない。アンティオキアのマルガリタ、ニコメディアのバルバラ、アレクサンドリアのカタリナがそろって残忍な拷問を受けて殺されたという説は正しい。が、みな実在する人物ではなかった。それでも、中世のキリスト教徒はその「処女殉教者」伝説をもてはやした。なぜなら、人々はなによりも重要なことを知っていたからだ——勇者（ヒロイン）になるなら、王子と結婚してはいけない。

実在した人物で、イングランドの貴族だったマークヤーテのクリスティーナ（1096～1155年）はそれを知っていたにちがいない。ダラムの司教（結婚が禁じられている）がクリスティーナを自分の内妻にしようとしたとき、彼女は十代だった。力で退けることはできないと考えた彼女は、「プロポーズ」された部屋に司教を閉じ込めて急いで逃げた。それでも懲《こ》りない両親とふられた司教は、今度は年齢の近い貴族のもとへ彼女を嫁がせようとした。逃げるほかないクリスティーナは、婚約者らがたいまつの明かりで部屋を探すあいだタペストリーの裏に入り、壁の釘《くぎ》につかまって下から足が見えないように姿を隠した。計画は万全だった。タイミングを見計らって別のドアから出たクリスティーナは、窓から飛び出し、フェンスを乗り越え、ひたすら走った。そこまできたら、あとはもう、自分に手を貸してくれる人を見つけ、男物の服を着て、全速力で修道院まで馬を飛ばすだけだ。

ああ、それと、聖歌を歌ってヒキガエルの大群を退治しなければ。

たしかに、やや非現実的ではある。クリスティーナの少女時代にまつわるこの唯一の記録は聖人伝と呼ばれるもの、つまり、聖人がいかに神聖であるかをキリスト教徒の聴衆に知らしめるために作られた、その人物の詳細な伝記である。クリスティーナの冒険は実際にあったかもしれないし、なかったかもしれない。けれども、読む人にとっては「リアル」で、彼女が聖人だと教えてくれる。甲冑《かっちゅう》、ぬかるみ、ヴァイキングの存在が、それは中世だと教えてくれるようなものだ。

一方、ファーティマ朝の影の実力者シット・アルムルクの伝記作者には、そのような宗教的な動機づけはいらなかった。

この陰の「アドバイザー」は、ファーティマ朝の誕生地でのちに放棄されたチュニジアの首都で生まれ、王朝が繁栄した本拠地カイロで生涯を終えた。シット・アルムルクは生まれたときから頭脳明晰《めいせき》で、カリフの孫娘として宮廷で過ごした思春期に政治力も身につけた。なんといっても、中世初期の政治から権力闘争を取ったらなにが残る？（なにも残らない。本当に）

若き乙女シット・アルムルクは求婚者をたがいに争わせた。家族の地位と権力を巧みに高めながら、自身の政治的人脈も築いた。ずばり、そうした人脈には巨大な軍事部門はもちろん、巨額の富と権力を持つ助言者を手玉に取ることも含まれていた。そうこうするうちに、９９５年、弟のハーキムが10歳で即位し、最高顧問のバルジャワーンが摂政として実権を握るようになった。

シット・アルムルクはこの時期、用心深く未婚を保ち、支持者を増やして、弟にせっせとぜいたくな貢《みつ》ぎ物を贈った。そこで、１０００年、支持者のひとりがバルジャワーンを暗殺したとき、ハーキムはすっかり姉の言葉に耳を傾けるようになっていた。結果は？　カイロの文化は栄え、諸外国におけるファーティマ朝の格がぐっと上がった。

伝記によれば、その後の17年間、内政に関するカリフのすぐれた判断はみなシット・アルムルクによるものだった。そうした判断は遠く離れた属領の忠誠を保つことにもつながった。実際に命令を実行したのは彼女の支持者だったので、シット・アルムルクが判断にかかわっていた可能性はかなり高い。ほかの影響？　アレクサンドリア近くの豊かな都市ティニスの支配者のようなずぼらな指導者はカリフに納めるべき税や貢ぎ物を……シット・アルムルクの私的な金庫に納めてしまっていた。

ハーキムは姉のいいなりになることを快く思わなかった（それもあって、のちに音楽を禁じたのかもしれない）。ファーティマ朝の危険な世界で、みずからの無能を反証しようとハーキムが用いた方法はおもに、（1）姉を支持する高官の暗殺、（2）財政的にも政治的にも破滅をまねくような決断、だった（そうはいっても、大勢の人が自分を神のような存在とみなすなかで賢明な判断を下すことは難しいし、人々の評価に納得できるときもあればできないときもある）。そうした決断のひとつは、1013年、自分の後継者に息子ではない人間ふたりを指名して、実子とその母親を暗殺しようとしたことだった。彼はまた自分にあるとおぼしき神性を発揮して、女性の外出を禁じ、みずからの最大の支持者だったキリスト教の一派であるコプト教会の財産を没収し、音楽と酒を禁止した。その結果どれほど人に好かれたかは、想像にまかせる。

1021年、ハーキムが姿を消した。

シット・アルムルクは先頭に立って、弟の敵対者のひとりがハーキムを殺したと非難した。さらにクーデターを起こして、ハーキムが選んだ後継者のひとりを暗殺し、もうひとりを国外へ追放して、未成年の甥《おい》のひとりを真の後継者と宣言したのち、みずから摂政《せっしょう》の座についた。
やはり王子と結婚する必要などない。

でも、シット・アルムルクはファーティマ朝の王女じゃないか、とあなたは思う。マークヤーテのクリスティーナだって聖人だった。彼女たちが結婚しなくてすむ道を見つけたといったって、自分は彼女たちとはちがう。絶対に真似できない！　では、次のことを考慮するといい。聖女伝を書いていた男性たちが但し書きを追加するようになったのは1200年ごろだった——そのころ、聖人伝の解釈が変わった。彼らは1200年ごろになって初めて、聖女は賛美するものであって真似するものではない、といい始めたのである。

クリスティーナの聖人伝は1100年代のなかごろに書かれた可能性が高い。真似するなといわれる前だ。つまり、あなたが結婚を拒絶して勇者になるにあたって、王女や聖女である必要はないことになる。見習おう。

師を見つける

助言者を持たずに世界を救う勇者などいない。勇者は師から学び、師を追い越し、師が尊い自己犠牲で命を落とすのを見て、独り立ちするのだ。なにを探せばいいかはすでにわかっているはず。年老いた、白いあごひげの人物だ。背が高く、とんがり帽子をかぶっている。学者のようなローブを身につけ、魔法に長《た》けている。おまけに悪魔の息子で、岩のなかに生き埋めになっている。

まさにアーサー王伝説に出てくるマーリンだ。

ラッキーなことに、中世にはあなたの師になってくれそうな人の大集団がふたつある。たとえあなたがアーサーという名の伝説のブリトン人の王でなくても、あなたの本当の父親を継父の姿に変えて、母親を身ごもらせ、あなたを産ませた師を受け継いだのでなくてもだ（マーリンをひと言で語るなら才能の泉）。あなたには聖人もいれば、教師もいる。どちらのカテゴリーにするかを決めればいいだけだ。そうすれば師に自分を見つけ出してもらい、選んでもらう準備は整う。

ということで、のんびりくつろぎながら、聖人と教師が、なぜ自分たちこそがあなたを育て、クエストを成功に導く師にふさわしいかを議論するのを聞いていよう。

候補その1――聖人

中世で師として仰ぐにあたってなるほどと思える自然な選択肢といえばやはり聖人だ。キリスト教の聖人たちは、中世後期のヨーロッパにおける手軽な相談屋のようなものだった。彼らは喜んで人の役に立とうとするし、教会でさえ把握できないほど数も多い。それに、じつは悪魔だったなどということにもならない。勇者にとってもっとも重要なことに、彼らは不可能を可能にする。聖人は自然界にはありえないマイクロフォンのようなものだ。人々はあまねく神に少しでも近づこうと聖人を訪れる。聖人は自分が取りなすキリスト教徒の祈りが必ず神に応えてもらえるようとり計らう。神は神のやりたいことしかやらないにもかかわらず、である。

つまり聖人は、神の命にしたがい、戦を勝ち抜き、傷病者を治癒し、死んだ親族を天国へ導く手助けをし、あなたが必ず天国へ行けるようにする方法を（まだ早すぎるが）示してくれる。そしてもちろん、敵に死と破壊をもたらす方法も。あなたは、ひとりかふたりの聖人を選んで、彼らにならって信心深い生活を送ればいいだけだ。

これなら簡単で勇者にとってもそこそこ刺激的ではないか？　たとえば、アレクサンドリアのカタリナなどどうだろう（実在しなかったことは気にしなくていい。アンティオキアのマルガリタやニコメディアのバルバラ同様、重要だったからこそ伝説が彼女を本物らしくしたのだ）。カタリナは3世紀の異教徒（！）の王女で、とびぬけて賢く、美しく、カリスマ性があった。教えられたことはなんでも吸収するため、父親が専用の図書館を建てたほどである。父親が亡くなったとき、カタリナは14歳で王国を引き継いだ。ふさわしい男性の王を立てるべく、だれもが彼女に結婚を勧めた。だが、女王カタリナは、わたくしでもちゃんとできてよ、ご丁寧にどうも、と笑い飛ばした。そしてそのとおりだった。

カタリナはキリスト教に改宗する前から、学者であり、教師であり、賢明な女王だった。つまり、才能は彼女自身のものだと考えていい。また、喜んであなたの師になってくれるはずだ。彼女は女王として臣下にキリスト教のイロハを教え、みずからを手本に改宗へと導いた。さらにすごいことに、まだ異教徒だったローマ皇帝がやってきたとき、彼のもとへ突進していってキリスト教徒の迫害をやめるよう命じる。皇帝は鼻で笑って「だまれ、小娘が」に近い言葉を口にした。女王カタリナはそれを上回るセリフを突きつけると、みずからの知識と知恵を使って、彼が無能な支配者であることを証明してみせたのである。

最後の部分がもっとも見ごたえがある。50人の異教徒の学者が宗教について彼女に討論を挑んだ――50人、同時にだ。18歳のカタリナのすばらしい問答と（まさかの）古代ギリシア哲学の知識に、学者たちはみな、しどろもどろになってしまった。（もうひとつの山場？　カタリナはキリスト教徒であるがために捕らえられ、ひどい拷問を受けたが、拷問の器具が爆発して彼女以外の4000人が死んだ。当然、皇帝はカタリナを殺さねばならなかった。そうでなければ処女殉教者にはなれなかっただろう。聖人にもなれないし、あなたが彼女を師と仰ぐこともできない）

カタリナの生涯はすばらしいヒロインが登場するすばらしい物語で、中世のキリスト教徒のあいだでもてはやされた。15世紀のニュルンベルクの作家カタリナ・トゥーハーは娘をカトリーと名づけ、聖カタリナ修道院を自分の隠居先に選んで、名前が同じシエナのカタリナ（実在した人物）の伝記を熱心に読んだ。なんと、離婚と結婚を繰り返した悪名高いイングランド国王ヘンリー8世の妻の半分は名前がキャサリン（＝カタリナ）だ！

じつをいうと、司祭や修道女やトゥーハーを除くほとんどのキリスト教徒は読み書きができなかったため、自分でカタリナの物語を読めず、彼女を真似るにあたっては教会の解釈を耳で聞くしかなかった。基本的にそれは、処女であれ、受難を喜べ、処女であれ、である。

本を読み、討論をし、王様に向かってうせろと告げた十代の少女の物語の落としどころがそれだとは、さすがにあなたも予期できないだろう。

ということで、結局、聖人を師にするという考えは捨てたほうがいいかもしれない。なにしろ、ヘンリー8世の妻の半数はキャサリンだが、処刑された妻の半数もそうだからだ。

候補その2――教師

師にふさわしい、自然かつもっともな選択肢といえば、いうまでもなく自分のお気に入りの教師だ。さっさと決めよう。月並みがいちばん。なにしろ、周囲の学生はみなそうしている（むろん、学生はみな男子、十代、キリスト教徒、ある程度は裕福で、ラテン語の読み書きができる）。

1200年ごろに最初の大学が設立される前、高度な知識を学びたい学生は、特定の教師が教えている場所へと国境を越えて移動していた（大学は基本的に、十分な数の学生と教師が1か所に集まって徒党を組み、罪を犯しても無罪放免になるといった特別な法的権利を要求するためのものとして発足した）。だから、考えるまでもなく、あなたの師の候補は喜んで教えてくれるし、あなたの学びたいことについてよく知っており、あなたの村にさえ評判が聞こえてくるほど十分な経験を積んでいるとわかる。

中世盛期のヨーロッパで教師を選ぶときの唯一の欠点は、師に目をかけてもらおうと学生同士が競っていることだ。そんななかで、ひとりの教師の教え子たちが協力して世界に真の変化をもたらしたすばらしい例がある。

たとえば、ヨハネス・スコトゥス・エリウゲナ（815〜77年ごろ）。アイルランド随一の学者だった彼は、9世紀ヨーロッパで最高の学校の運営を任され、ドイツ西部のアーヘンに招かれた。当然、学生たちは彼のもとで学ぼうと集まってきた（うわさではそういわれている）。エリウゲナは神学、哲学、翻訳に秀でていた。完璧な師だ（だれかの友人の兄弟の親戚は正反対のうわさを耳にしているが）。エリウゲナのリーダーシップのもと、アーヘンの学校はいくらか大きく、よくなった（1000年も経てば、それはうわさにすぎなかったとわかる）。輝かしい評判はさらに上がった（うわさは教師を師と仰いではいけないという根拠にはならない。断じて）。

案の定、エリウゲナのリーダーシップと学識は、それまで中世ヨーロッパには見られなかった方法で学生たちを団結させた。870年代の終わりごろのある日の授業中、学生たちが協力して彼を刺し殺したのである。ペンで。

たんなるうわさだが。

判決

さて、あなたの師は？

幸運を祈る。

魔法使いを育てる

「これらの本の方法を頼りに、わたしは2種類の魔術を学んだ」と、モリニーのヨハネス（1280ごろ〜1323年以降）は記している。「土、火、水、空気、手相、その他の占い、そしてそれらの下位区分のほぼすべてもだ」。すばらしい。中世には実際にいくつかの魔術があって人々が練習していたが、なんとも喜ばしいことに本から学んでいた。

農民の生活に読み書きのスキルはそれほど必要ないため、ほぼまちがいなくあなたには読めない、という若干の問題はとりあえず脇へ置いておこう。ヨハネスの本はあなたの手引き、ヨハネス自身はあなたのガイドになりうる。なおよいことに、ヨハネスは敬虔《けいけん》なキリスト教の修道士だ（心配ご無用。勇者につきものの審問官との衝突はいつもクエストの後半で生じる）。

なによりすばらしいのは、ヨハネスがあなたのガイドになりたがっていることである。彼は呪文の本を書いただけではなく——熱意を持って書いたことはたしかだが——自分がどのように魔法を学び、実践し、教えたかを語る自伝的序章も残している。どうやら、あなたのガイドになりたくてしかたがないと見える。

ただし、彼を信用するかどうかはまた別の問題だ。信用という点について考慮すべきことは3つ。第1に、ヨハネスはものごとを時系列順に記してはいない――彼の生涯とおぼしき話の時間的な順序がまったく意味をなさないよう巧妙にごまかしている（彼が本当は妹を大嫌いだったのでないかぎり）。第2に、この自伝といわれるものは、やけに、ほかの人気のある呪文の本ではなく彼の本を使うべき理由を人々に宣伝しているように見える。「見える」というより、本人みずからそう述べている。第3に、今にわかるが、ヨハネスが魔法を独学した理由は、宿題でずるをするためだった。

ヨハネスによれば、彼の才能に感心した上位の修道士たちが、彼にオルレアンの大学で法学の勉強をさせることにしたらしい。彼に、外の世界でモリニー修道院の顔になってもらおうとしたのだという（そして、あとからわかったのだが、それは彼に外の世界にいてもらいたいという意味だった。つまりほかの修道士たちには、ヨハネスを学校へと追い払う別の理由があったともいえる）。

けれども、ヨハネスはただちに、ふつうなら直面しないはずのいくつかの問題にぶつかった。第1に、彼は呪文の本に興味をもち、悪魔めいた幻影を見るようになった（それ自体は問題にはならなかったようだ）が、自分のしていることは神のおぼしめしだと自分にいい聞かせた（これは大きな問題である）。第2に、彼は魔法が下手くそだったため、イタリアからきたユダヤ人に助けを求めた（これは歴史的正確性という意味で問題である。なぜなら「ユダヤ人の魔術師」が魔法を用いてキリスト教徒を永遠の滅びへと導くことは、憎むべき文学的表現方法としていたるところに見られるからだ）。第3に、魔法に関するひとつの本でつまずいた彼は、それを解決するために別の本を用いた。そのふたつ目の本は――おそらく中世の魔術師マニュアルとしてもっとも有名な――『アルス・ノトリア』と呼ばれていた（書記の術というような意味だがラテン語のほうがかっこいい）。第4に、ヨハネスは授業に出たくなかったので、いかにもぐうたらな学生がやりそうなことをした――すなわち、独学で魔法使いになろうとしたのである。本気で。

そもそもイタリア、ロンバルディア出身のずる賢いユダヤ人ヤコブがすでにやっているではないか。『アルス・ノトリア』を使えば必ず、世界のどんな科目でも一夜にして学習できるというのなら、教科書や授業はいらない。

そこでヨハネスは法学の勉強をおろそかにして、法学の学習を助けるであろう儀式の祈りを覚えることにした。毎晩ベッドに入る前に、魔法使いになりたくてしかたがなかったこの修道士は、『アルス・ノトリア』にある祈りをひとつ唱える練習をした。すると、彼はすばらしい夢を見た。目が覚めると、祈りがもたらすといわれたとおりの知識、すなわち土、火、水、空気、手相、その他の占いの知識が授けられていた。法学に携わる者ならだれでも知っておくべきだ。そうだろう？

けれども、7日目の夜、ヨハネスは望んだものとは異なる幻影を見た。最初の幻では、手の影が月をさえぎったかと思うと、地上のヨハネスに向かって伸びてきた。影は、夢を見ていたこの修道士が助けてと叫び声を上げるとすぐに消え去った。その後、2番目、3番目、4番目の幻影では、悪魔のような邪悪な存在が、ヨハネスに飛びかかり、捕らえ、息の根を止めようと、どんどん近づいてきた。

そして、ここに、ヨハネスから見習い魔法使いへの重要なアドバイスがある。魔法の知識を欲して祈り、悪魔がそれをもたらすなら、それはまちがいなく、その魔術が神のお気に召したからこそ悪魔が介入しようとしている証拠だ。絶対に。

イエスがあなたをにらみつけているあいだ、天使があなたを痛めつける幻影を見たなら、そろそろやめどきだとわかるだろう。

そのように『アルス・ノトリア』との冒険は終わりを迎えたとヨハネスは記している。あの本は邪悪で、そこにある祈りは永遠の滅び以外のどこにも導かないと、ヨハネスは確信した。そのときから、古きよき先延ばしと一夜漬けの日々が始まった（ただし、土、火、水、空気、手相、その他の占いの知識は彼のもとに残った。たぶん法学も。後者については、ヨハネスは明らかにしていない）。

そうしてヨハネスは『アルス・ノトリア』との自分の冒険は終わりにした。だが話は終わらない。なんと彼は、妹を魔法使いにしようとしたのである。

なにしろ、ヨハネスは根っからの教師だった。彼が自伝的序章を書いたのはなにより、自分が書いた本――初心者レベルの教本――を宣伝するためだった。本人いわく、以前、自分で魔術の教本を書き始めたときには神に愚作だといわれてあきらめたらしい。

そこで、十代の妹ブリジットが読み書きを教えてほしいとうるさくせがんだとき（あなたにはその気持ちがよくわかるはず）、妹思いのヨハネスは聞き入れた。『アルス・ノトリア』はヨハネスに火、水、土、空気、悪魔、手相を読む力をすみやかに使えるようにしたことだし、妹に読み書きを教えるのにもふさわしいはず。いや、本の呪文を使ってではない。本そのものだ。子ども向けの本に昔からあるように、「ア」はアルスの「ア」、「サ」はサタンの「サ」という具合に。

兄同様、ブリジットは学習熱心で、アルファベットだけで終えるつもりはまったくなかった。兄とはちがい、彼女は（1）読む、（2）書く、（3）ラテン語を話す、（4）聖歌を歌う、（5）人前であがりやすい性質を克服することを『アルス・ノトリア』から学んだ。けれども、目的は純粋でも結果は同じだった。ブリジットも夜間に恐ろしい悪魔の幻影に苦しみ始めた。

ヨハネスによれば、彼は妹を苦しめているのが『アルス・ノトリア』を操る悪魔だとすぐに見抜いた。彼は妹を案じると同時に、悪魔のわなへと妹を導いてしまった自分に腹を立てた。

ヨハネスはブリジットに、今後いっさいその魔法の本を使わないよう誓わせ、彼女はそのとおりにした。その日以降、ブリジットは読み、書き、ラテン語を話し、人前で聖歌を歌い、悪魔が近づけばいつでも撃退できるようになった。

いや、どうも怪しい。ヨハネスが自分で『アルス・ノトリア』を使ってその本が邪悪であることを悟ったのに、そのあとで愛する妹にそれを使うよう勧めるのはおかしい。ヨハネスが『アルス・ノトリア』を使い、ブリジットに勧め、本が邪悪だと気づき、自分では使い続け、しだいに邪悪さを悟る? その順序もやはりおかしい。

つまるところ、どんな順序であっても、人々がヨハネスの書いた本を読めばそれでいいのである。

彼の本。つまり、初心者レベルの教本だ。魔法の。

簡単な自伝とはよくいったものだ。ヨハネスの本が教えてくれるのは……読者のためにさまざまな知識を解放するとされる種々の祈りや儀式である。もちろん、『アルス・ノトリア』というタイトルはもう使われてしまっているので、ヨハネスは自分の作品を『花の本 *Book of Flowers*』と名づけた。

彼の自伝的な序章は、その売れそうもないタイトルを補ってあまりある。なによりも重要なその自伝は読者に、『アルス・ノトリア』は人に害を与えるため使ってはならないと伝えている。魔術の教本を書こうとして放棄したという短いエピソードにも意味があった。ヨハネスがその本を捨てたのは神が認めなかったからだ。『花の本』が捨てられていないなら、それは神が認めたからである。いかにも謙虚であるかのように見せかけて——自分の魔術の罪を告白し、もう少しで妹を地獄に落としてしまうところだったと嘆きながら——ヨハネスはまさに自分の本を読んで魔法を学ぶべきだと読者に売り込んでいるのである。

中世の教会がヨハネスの策略を見抜いたことはまちがいない。1323年、フランスの聖職者が大々的に『花の本』の写本を燃やす場を設けた。これではヨハネスの命にかかわる。ともかく、その日からヨハネスは表立った場所から姿を消した。彼の残りの生涯についてはわかっていない。

一方、本のほうはといえば……『花の本』はその後100年のあいだにいくつも写本が作られた。筆写者は本のなかの祈りに自分の名前を入れたり、写本を購入した顧客の名前を入れたりした。人々は『花の本』をたんに所有したり読んだりしただけでなく、実際に利用した。自分たちで祈り、呪文、儀式を学んだ。魔法を独学したのである。

モリニーのヨハネスが実際に自分で魔術を学んだかどうかはわからない。本当に妹に教えたかどうかもわからない。けれども、教会が異教とみなした彼の本がそんなにたくさんあったらどうなるだろう？　ヨハネスと悪魔は結局のところ、次から次へと読者を見習い魔法使いに仕立て上げたのだ。まさにあなたのような読者を。

悪と戦う装いを整える

シチリアの王でさえ知っていた。「敵軍は豪華な装飾で追い払うことはできない。適切に武器を使用するべし」。そう法律に書いてある。[1]

なんとも味気ない。

まず、正しくない。敵軍は魔術、賄賂、ピンチになると登場する神《デウス・エクス・マキナ》でも撃退できる。くわえて、中世のヨーロッパは豪華な装飾が好きだった。それをふまえて、気難し屋の修道士ヨハネス・カッシアヌス（360～435年）は虚栄やぜいたく《ルクスリア》、つまり過剰に楽しむことを含む「8つの邪念」について書き上げた。やがて、中世の教会の細かい指導のもと、その8つの邪念は7つの大罪となった。虚栄は罪というほど悪いものとして扱われなくなり、ぜいたくは肉欲に限定された。

それでも、派手な服装や過剰な消費の弊害については山ほどの戒めがあった。そもそも戒め

1　Sarah Grace-Heller, "Angevin-Sicilian Sumptuary Laws of the 1290s: Fashion in the Thirteenth- Century Mediterranean," *Medieval Clothing and Textiles* 11 (2015): 88.

がなければ中世の教会とはいえない。15世紀にあった実際の虚栄の焼却では、司祭が人々に化粧品やおしゃれな服をかがり火にくべるよううながし、実際に燃やした人もいた。そうした服は悪との戦いに適していないだけではない。そのものが悪だったのだ。

ただし、神がよしとする質素な生活に対する人々の熱意がどれほど長く続いたかは、まったく別の問題である。

とはいえ、法律には魅力がなくても、1290年のシチリアの法律は実際の、あるいは物語上の戦いになにを着ていけばいいかを教えてくれる。ただ、時代、場所、性別、宗教、年齢、階級、職業によってさまざまではある。さて、とりあえず先を急ごう。

1 中世はけっこう参考になる

あなたのシチリアの友だちには「見栄《みえ》を張って見せびらかすな」ということのほかにも、服装に関する規則が山ほどあったはずだ。彼らだけではない。1290年の法律はとにかくたくさんあったいわゆる「ぜいたく禁止法」のひとつで、13世紀以降、西ヨーロッパ中に広まっていた。ぜいたく禁止法による消費の規制はあらゆる商品にかけられていた。それでも、いちばん多くターゲットにされたのが服だった。なによりもひどいことに、ぜいたく禁止法は、着てよい服と着てはいけない服を細々と指示していたのである。

だからといって、ヨーロッパ人の半数がズボンをはかずに走り回っていたのではない。法律はむしろ、だれが毛皮を身につけていいのか、だれがどのような毛皮を身につけていいのか、だれがどれだけ多くの毛皮を身につけていいのか、だれが特定の場所で服やアクセサリーとして毛皮を身につけていいのかを決め、フィレンツェの十代の少年はピンクのレギンスをはいてはいけない、ニュルンベルクの男性は丈の短いジャケットを着てはいけないなどと指示していた（この最後の法は、男性がズボンの特定部分を強調して大きく見えるようにするという特定の行為を禁ずるための遠回しで堅苦しい表現）。

ぜいたく禁止法の目的は、特定の集団、とりわけ階級に合わせてさまざまに服装を制限して、社会的秩序を保つことだった。たとえば、階級が上がれば上がるほどたくさんの毛皮を身につけることができる。

ぜいたく禁止法は実質的に、クエストの計画を立て始めたあなたに変装を勧めているようなものだ。「王様とそれ以外」あるいは「日曜日の王様とそれ以外の曜日の王様」のちがいがわかってもおそらく役に立たないが、中産階級以上、特定の職業を持つ中産階級以上、あるいは貴族階級以上が身につける服装を知ることができる。くわえて、ほとんどの場合、法に則《のっと》っているかどうかを見ているのは役人ではなく一般の人々なので、あなたがその服を着てはいけない人物だと見抜ける人はそう多くないはずだ。

「豪華な飾り」全般について細々とうるさいシチリアの法律は、中世に着こなしのアドバイスが充実していた証でもある。この法は、アラゴンとシチリアのあいだに長期にわたって暴力的な関係が続いていたさなかに公布された。そこで、男性に求められる服装は当然、戦いに役立つものが中心だった——たとえ勇ましい気持ちを奮い立たせるだけだったとしてもだ。たとえば、あなたのマントの内側に毛皮の裏地や流行色の布のレイヤーがついていなければ、今より寒いし見た目もさえない。それでも、戦うときにはずっと動きやすい。

一方、この同じ法律のもとでは、女性は引きずるほどすそが長いドレスを着てはいけないことになっていた。立法者の頭のなかでは、それは戦争とはなんの関係もなかった。すそで無駄にされる布地が貧しい人々に寄付されたのかもしれない。

そして、そこまで細々とうるさいわりに、鎧《よろい》についてはなにも語られていない。

ここで朗報だ。あなたのような村の子どもにとって、鎖の鎧《チェーンメイル》は鎖の鎧でしかない。わかりやすい。「最高の」金属の輪とそれを連結する部品を選ぶ（つまり購入する）など、そう簡単にできることではない。ローマ皇帝コンスタンティヌスだったらどうだろう。彼の兜《かぶと》には母親が手に入れたイエスの十字架の破片と釘が用いられているとされ、兜そのものが帝国における彼の地位の象徴になっている。けれども、勇者は自分の身を守るにあたって、ピンチになると登場する神《デウス・エクス・マキナ》など頼ってはいけない。よって、不毛の荒地やイングランドより気候のいい場所（つまり、どこでも）で鎧の上からはおれるように、布製のサーコートを忘れずに荷物に入れておこう。ぴかぴかの金属に直射日光があたると体の水分が失われかねない。

さらにうれしいことに、鋼鉄の鎧《プレートアーマー》にレベルアップするなら、15～16世紀には、最高の防具を作って名をあげようとするたくさんの街のあいだで熱い競争が繰り広げられていた（街の誇りさえあれば金はいらない、といわれることもあるかもしれない）。

街によっては、最先端に追いつける望みもなければ、努力もしない場合もある。どのみち、だれかが安い鎧を作らなければならない――ロンドンがまさにそうだった。ニュルンベルクとアウクスブルクは自分たちの防具と防具屋を厳重に保護していた。ニュルンベルクにいたっては、防具を作る鍛冶屋が使う金属を住民以外に売ることを禁じていた。そう、ドイツに家族経営が多いのはしごく当然なのである。

鍛冶屋の職人はたいてい防具の一部だけを作ることに特化していると知れば、あなたも少しは安心できるだろう。アウクスブルクのヘルムシュミート（おおまかに訳して兜の鍛冶屋という意味）は……兜が専門だ。街やその周辺で聞いてまわれば、最高の防具屋の名がわかる。どの職人の印――作った職人を示す商標印――を探せばよいかもおのずとわかる。だいたいだが。

防具がきちんと機能するように、ニュルンベルクとのちのアウクスブルクでは、すべての金属部品に十分な割合の鋼鉄が含まれていることを確認する完成品の検査が必須になった。残念なことに、検査方法の記録は残っておらず、検査に不合格の製品は破壊しなければならないと記されているだけだ。装備中でなければいいが。

「ばらばらにする」こと自体、その防具が検査に合格しなかったことを示すわかりやすい方法だが、検査官たちは高品質の製品に自分たちの印をつけ足そうと考えた。たとえばニュルンベルクでは、それは街の象徴である誇り高きワシだった。１４６１年、アウクスブルクのギルドも自分たちの街のシンボルの印を防具に刻んではどうかと提案した――松ぼっくりである。そう、本当に。中世のキリスト教では松ぼっくりは復活の象徴だった。防具というよりむしろ戦いそのものでその力にあやかりたい。

2　中世は参考にならない

ぜいたく禁止法からは悪と戦うときの装いがわかる。防具法からは悪と戦うときの装いがわかる。

ここで法律を歴史の資料として用いるにあたってひと言。

法律は社会の理想、あるいは少なくとも理想に近い妥協点を知るためのよい足がかりになる。ただし、実際の人々がどうしていたかを知るには若干問題がある。法律がなにかを禁じる理由は、だれもそんなことはしていないのにだれかがやっていると立法者が案じているからか、だれもがそうしているからか、あるいはその中間のどれかである。あなたの目的に合わせて考えると、つまり、法律があるからといって、それが守られているとはかぎらないということだ。

たとえば、ぜいたく禁止法と防具法がどれくらい厳密に守られていたかは次の例からなんとなくわかる。

イタリアの街では、ぜいたく禁止法の施行に前向きな人はいなかった。施行を監督する役職は空席のままだった。その後の法律では、違反した隣人を告発した住民に与えられる賞金が増額された。一方で、法律を逆手にとって、安い毛皮をこっそり染め直して高級な毛皮に見せるやからもいた。

彼らのいかさまからは少なくとも、あまり金をかけなくても自分の見栄えをよくすることはできるとわかる。

防具法がきちんと実行されていればいいが、ここにも若干期待が含まれている。防具が良質な金属であることを示すニュルンベルクの印についていえば、印を偽造して粗悪な防具を名高いニュルンベルク製品に見せかけてはならないと、街はうるさく呼びかけていた（1502年にニュルンベルクのワシそっくりに見える職人の印を使ったために4週間投獄されたフリッツ・パウアスミットのようになってはいけない）。にもかかわらず、現存する防具の成分は印が示す基準にはあまり届いていない。

つまるところ、中世の資料はたしかに、あなたが置かれた時と場所で悪と戦う装備を考えるヒントは与えてくれる。ただし、ぜいたく禁止法と防具法はあくまでもヒントで、確実ではない。なので、とりあえず基礎がカバーできたこと、法律に厳密にしたがう必要がないことをすなおに喜ぼう。あなたは悪と戦わなければならない。ピンクのレギンスやシロテンの毛皮に夢中になっている暇はない。

宿屋にて

宿屋を探す

14世紀のロンドンであなたが買えるいちばん量の少ないビールは1クォート、つまりほぼ1リットルだった。カップ（約240ミリリットル）でもパイント（約500ミリリットル）でもなく、クォートだ。そして、宿屋の主人《あるじ》は、夜は玄関の鍵をかけなければならないと法律で決められていた。つまり、だれも入れず、だれも出られない。ちなみにこのふたつに関連性はまったくない。

中世世界のクエストでも、あなたはいつか必ずどこかで寝なければならない。おそらく星空の下以外で眠りたいだろう。とはいえ、宿屋である必要もない。中世初期のイスラム世界では、フンドゥクと呼ばれる、商人のための宿屋兼交易所のようなものが各地にあり、西洋の宿屋よりはまだましな評価を受けていた。そしてそこに泊まれる条件は、形ある商品を持っていることだけだった。もっとも、人間ではない邪悪な軍団から逃げているあなたの手元にはたぶんないだろう。

となれば、別の手がある。宗教に入るのだ。教会や修道院は、訪れる人全員に一夜の安全な場所を与えることが義務づけられている（たいていは貴族が対象だが、同行者のほとんども泊まれる）。宗教的なホスピタリティの精神はユダヤ教やイスラム教にも深く根づいている。泊まれる場所のリストをあげればきりがないが、いちばん最後はあなたの小さな村でさえ知っていて恐れていた方法、すなわち——たとえ一家が無期限に屋根裏や物置小屋で寝なければならないのだとしても——通りすがりの巡礼者や駐留軍の兵士に自分の住居を提供しなければならないという法的義務である。

だが、現実に目を向けよう。だれかの家に泊めてもらった場合におそらく直面するであろう赤ちゃんの泣き声は問題ない。でも、軍隊に宿を提供するとどうなるかを身を持って知っているあなたは、見知らぬ客をひと晩迎え入れる家族に不安な思いをさせたくない。教会やモスクやシナゴーグ？　それはもう経験ずみだ。時代は西ヨーロッパの中世末期である。となれば、おいしいビール1リットルと酒場の喧嘩に決まっている。あなたは宿屋をめざす。

宿屋を見つける

たくさんの旅人が集まる宿屋は、いい稼ぎになる（部屋代を取ったり、若干違法なものごとの代金を取ったり）。宿屋は一般に、街、巡礼地、街道沿いなど交通量が多い場所にあるが、うれしいことに、都市の通行料を払わなくてすむ郊外や街はずれにもある。

街にたどり着いたなら、あなたは若干の試練に立ち向かわなければならない。１３０９年、ロンドンにはきちんと税を収めている酒場兼宿屋が３５４軒あった。宿泊客を受け入れない酒場も、税を逃れられる程度に非公認で、夜になるとふいに現れる酒場の数だけあった。いうなれば、「宿屋街」や「酒場通り」はたぶんなかったということである。

入り組んだ通りを歩きながら、あなたは宿屋とわかるしるしを探して建物に目を走らせる。どこの街でもたいてい、宿屋の主人は長い棒にリースをかけていた。もっとも旅人は地方によるちがいを尋ねなければならなかっただろう（たとえば、パリでは聖人の姿を描いた看板がたくさんあった。願望でしかなくてもだれも責められない）。

しかしながら、ロンドンに３５４軒の酒場兼宿屋があったということは、３５４軒が客を奪い合っていたということである。宿屋の主人は自分の店を目立たせなければならない。たいていの場合、彼らは名前を考えるという驚くほど斬新な方法をとった。かといって名前が独創的だったわけではない。15世紀にウィリアム・ポーランドが50軒の酒場兼宿屋の名前を記録したとき、そのうちの6軒は「スワン」だった。とはいえ、それは宿屋の主人のせいではない。そもそも識字率がよくても30〜40パーセントの時代に、書かれた名前で人々が宿屋を見分けられるはずもない。60〜70パーセントの客は宿の名前が読めず、宿屋の主人ですら書けなかった。そこで、人目を引くようなシンボルになりやすい図柄記号として名前が選ばれ、宿屋にはだれにでも意味がわかる紋章が用いられることが多くなったのだ。騎士や貴族が自分の血筋への誇りや名声を表すために取り入れた「紋章」が、自分以外の人が酔っ払って醜態をさらすのを眺める場所を示すしるしになったのである。

すべての宿屋が記号や名前に紋章を用いたわけではない。聖人の図像ももちろん人気があった。ということで、あなたは、種々のカタリナの車輪——アレクサンドリアのカタリナを拷問するために特別に作られた恐ろしい装置——がならべられた場所で酒を味わうこともできる。

宿屋に足を踏み入れてからも用心しよう。

宿屋にあるもの

西洋（イベリア半島のイスラム教支配地域を除く）であなたが出会う宿屋は、カイロにあったベッド数３００のフンドゥクやそれに類するすてきな宿ではない。けれども１３００年代の終わりごろは、立派な街ならどこでも、少なくともひとつは立派な宿屋があった。そうした場所には20室もの小さな客室、あるいは数は少ないけれども広い客室がある。

むろん、あなたの所持金ではそんなところには泊まれない。

だからといって、宿屋があなたの予算に見合うくらいみすぼらしいかどうかは見ただけではわからない。少なくとも街なかの宿屋は風景のなかに溶け込んでいて、両隣の一般住宅や店舗兼集合住宅の建物と見分けがつかないこともあった。それはそうだ。宿屋はふつうの家のレイアウトで、家族が経営していることが多かったのだから。

通りから直接入るのでも、馬屋の上にある部屋へとのぼっていくのでも、あなたが足を踏み入れる共通ラウンジにはいくつかのテーブルと長椅子があって、辱《はずかし》めを受けるということはどういうことかを教えてやろうとする先客がいる。共通ラウンジからはキッチンと、場合によっては汲《く》み取りのトイレにも行けるようになっている。

店舗の2階にある一室を賃貸契約するのと同じように、あなたは宿屋の主人と、上階の寝室にある寝床（というより寝床の一部）を借りる契約をする。理想としてはその相部屋に階段で上がれることが望ましいが、はしごの場合もある。共通ラウンジが実質的に酒場であることを考えると、なかなか興味深い間取りだ。

出会う人々

ひとりでクエストに旅立つ夢を壊してしまって申し訳ないが、クエストには同行者がつきもので、酒場の共通ラウンジは人探しにうってつけだ。なにしろ、宿屋の主人はできるかぎり長いあいだ客を見える場所に置きたがる——つまり、できるかぎりたくさんの金を飲食に使わせようとする。地元客が訪れる酒場にはさまざまな職業の常連の男たち（ときに女たち）がいることもある。が、旅の途中はなにが起きるかわからない。

巡礼者、使者、けちな商人、使用人、兵士、着いたばかりの移民など、宿屋が巻き上げたい金を持っている人はたくさんいる。やはり女より男のほうが多いだろう。ギリシアの奇跡の物語やイタリアの道化芝居からは、宿屋に泊まる女性にとってレイプは深刻な脅威で、宿屋に泊まったりすれば不名誉なうわさを立てられることはほぼ避けられなかったとわかる。宿屋にはさまざまな肌の色の人がいて、その傾向は地中海に近づくほど強くなったことは驚くにあたらない。

酒場と宿屋には従業員もいた——おそらく主人の家族と若干の使用人だったろう。くわえて、なんでもいいから金を稼ぎたいという使用人ではない「労働者」もいた。たとえば片隅にいる吟遊詩人など。

吟遊詩人がいるといわなかったか？

吟遊詩人に耐える

「耐える」？　どうしてそう悲観的なのか。

ロマンス、詩、歌の中世、ほかでもない音楽の時代だというのに⁉　信じられない？　では、イラクのバグダードに近い9世紀のサマラに目を向けよう。そこにはたがいにライバルだった名高い歌姫たちにそれぞれファンがいて、聞くところによれば、たがいを敵視していた。15世紀のイングランド、ヨークには公式の音楽隊があって各地に演奏旅行に出かけていた。12世紀のフランスは、舞台裏での肉体関係といった不品行で非難を浴びていた。そしてもちろん、5世紀が始まろうかというころのパレスチナには、生涯のほとんどを洞窟で過ごし、大衆音楽は悪魔崇拝への入り口だと大声でわめき散らした学者がいた。

たしかに、ほかとはちがう。

音楽を通して世界を知るチャンスは、クエストのなかでもっとも楽しい（ついでにいえば、もっとも安全な）もののひとつだ。13世紀初めのロマンス詩人ジャン・ルナールによれば、歌い手は独唱、あるいは、ヴィオールや中世フィドルと呼ばれる弦楽器の伴奏で歌った。トランペット、フルート、パイプといった管楽器や、弦楽器、雷鳴をもかき消す太鼓の音も聞けたかもしれない。とても運がよければ、ひとつ分の値段でふたつの音も聞けた――同じ人が同時に、笛を吹きながら片手でテイバーと呼ばれる小太鼓を打ち鳴らす音楽もあったからだ。

そうしたメロディーを耳にするために街や宮廷にいる必要はなかった。ヨークの街の音楽隊と同じように、ヨーロッパで名高いたくさんの楽器奏者や歌い手が、多くの時間を巡業に費やしていたからだ。たとえば1372年には、アラゴンの王子フアン1世が、流行最先端の音楽に追いつくために、みずから金を出して4人の宮廷音楽家をフランドルへ差し向けている。帰路、彼らはパリに立ち寄って、国王のために演奏した（つまり、フアンは自分の音楽家が、演奏は贈り物だと他国の王に思ってもらえるくらい上手だと信じており、相手が戦争をしかけてくるほど下手だとは思っていなかった）。

だれもがそう信頼されるとはかぎらない。中世のヨーロッパにはすぐれた音楽家がいた一方で、一流になることを夢見ているだけの音楽家もいた。特に宿屋や路上に。

中世の音楽文化がこれまで存在したいかなるものとも真に異なる部分はもうひとつある。なんのスキルも持たない音楽家がたくさんいたのだ。ヨークにあった吟遊楽士のギルドは街にメンバー以外の演奏を禁じさせた（ギルドには品質管理という責任があったため）。

そう。悲観的な理由はそれだ。

なので、うるさくてやる気だけは満々の吟遊詩人が、旅の仲間に入れてもらえるまで一歩も退かないときは、それに耐える作戦が必要になってくる。

作戦その1——耳が聞こえない

中世の世界は一般に、障害を持つ人にやさしくなかった——彼らの暮らしについての記録の多くが奇跡の「治癒」の物語であることからそれがよくわかる。けれども、耳が聞こえなくてもけっして無力ではない。1270年代にはあるスイスの村で、ルイという名の聾唖《ろうあ》児のために初歩的な手話が作られ、ルイは立派な鍛冶屋として成功した。

ならば、自分の障害をフルに活用してはどうか。耳が聞こえなかったスペインの修道女テレサ・デ・カルタヘナはまさにそうした。中世の西ヨーロッパでは、修道士や修道女のおもな仕事のひとつはほとんど毎日（そして毎晩）祈りを歌うことだった。1420年ごろ生まれたテレサは、聞こえないということからインスピレーションを得て2冊の本を書き上げた。1冊目の『虚弱者の森 *Grove of the Infirm*』で彼女は、社会における聴覚障害者の弱み——たとえば宗教音楽を聞くことができず、祈りに完全に参加できないこと——を内面の強みに変え、耳が聞こえない人々は周囲の世界を遮断することができるのだから、むしろ神に集中できると説いた。2冊めの『神の業の不思議 *Wonder at the Works of God*』では、自分を辱める人々に対して、それがまちがっていることを裏づける、これでもかというほどたくさんの理由を礼儀正しく書き上げた。

さらにテレサは知られているなかでもっとも古いスペインの女性作家のひとりでもある。テレサのようになろう。無理しなくても吟遊詩人の声が聞こえない自分の能力を喜び、聞こえてしまう人々を笑おう。

作戦その2——時間を稼ぐ

自分をいじめた人に対するテレサのさりげないリベンジ部分しか真似できない場合は、ただ歯を食いしばって、1515年のパリの旅芸人「ムッシュー・クルシュ」のように吟遊詩人がへまをするまでじっと待とう。ムッシュー・クルシュは説教かつ道化芝居のような話を書き、どうやらみずから演じてもいたらしい。それが原因で彼は国王フランソワ1世の前に引きずり出された。道化芝居の主人公が見るからにフランソワ1世その人と愛人だったことと関係があったにちがいない。

うわさによれば、少なくとも、フランソワはクルシュを下着1枚でむち打ちにしろと命じた。悲鳴くらいでは吟遊詩人があなたの鼓膜にもたらした苦痛の埋め合わせにはまだ足りないかもしれないが、手始めにはちょうどいい。フランソワもそれでは足りないと考えたにちがいない。なぜなら、クルシュを縛って袋に入れ、下を流れる川に窓から放り投げろと命じたからである。

しかしながらクルシュは、自分は司祭で教会の法律にしたがってうんぬんと巧みに弁解して、この最終処分をなんとか免れた。どうやらフランソワはクルシュが役者であることを忘れていたらしい。ひそかに道化芝居を楽しんでいた宮廷の人々も、あえて指摘しなかったのだろう。

さてあなたの場合はというと、吟遊詩人が悔い改めて新たな職業を見つけるという幸運はけっして訪れない。だが、嘆くなかれ。クルシュの逃げ口上からは、あなたの旅で役立つ3つの重要なポイントを学ぶことができる。第1に、自分を社会的地位の高い人物に見せかけることに長けた人物を連れて歩けば、必ず役に立つ。第2に、中世後期に自分が聖職者であることを証明する一般的な方法はラテン語が読めることで、そのスキルもまた役に立つ。第3に、クルシュの物語を世に広めたうわさには道化芝居の内容が正確に反映されている可能性が高く、処罰の内容はほぼまちがいなく大げさに語られている。よって、あなたの一行があなたの吟遊詩人のせいでとがめられることはあっても、たぶん命を落とすことはないだろう。

作戦その3――金持ちになる

テレサのように神に専心することができないなら、あるがままに欲に目を向けよう。

中世の音楽演奏は驚くほど実入りのよい職業にもなりえた。楽器奏者や歌い手の一部はフルタイムで街に雇われ、給料をもらっていた。フランス王家の歴史学者リゴール（1148～1208年ごろ）は、1年は食べていけそうなほどの金銀、馬、金銭的価値のあるローブを国王が音楽家や詩人に与えたと記している。イラクとアンダルス［イスラム支配のイベリア半島］では、奴隷だった女性作曲家と歌い手が自分で自分を買い戻して奴隷をやめられるほど裕福になった話が知られている。そう、吟遊詩人と旅をしてあなたの鼓膜が傷んでも、テントで寝るより宿屋に泊まる金があるほうがはるかにいいと、あなたは自分にいい聞かせることができるようになる。

中世後期には、社交ダンスや私宅での余興、行列への同伴、毎年行われる宗教劇の劇伴など、音楽家が演奏して報酬を得る機会が山ほどあった。酒場の店主と親しくなって、計画的に芸を披露して入場料を取る吟遊詩人もいた。ただし、理髪師兼外科医で歌手で詩人のハンス・フォルツ（1453～1513年ごろ）をあなたの吟遊詩人にするのはやめておいたほうがいい。ニュルンベルクはフォルツだけを名指しで、彼が酒場で入場料を取ることを禁じる法律を可決している。

しかしながら、各地の街には、自分の演奏に対して報酬をもらいたいプロの音楽家と、そうした仕事のコネがある中流あるいは上流階級のアマチュア音楽家があふれていた（見たところ印刷機を購入もしくはレンタルできるほど金持ちだったフォルッツもその部類に入る）。それ以外の音楽家――と、有料の仕事があるほどラッキーな音楽家でも、次の仕事までのあいだ――は、だれかが投げてくれるコインのひとつやふたつに頼らざるをえなかった。なにより、あなたにしつこくついてこようとする吟遊詩人が舞踏会で歌えるほど上手であるはずがない。

作戦その3は作戦とさえいえなさそうだ。

作戦その3の代案――ペットを抱いてかわいがる

中世の音楽の演奏はほとんどの場合、アーサー王の物語の朗唱や道化芝居など、ほかの種類の余興と組み合わされていた。ちまたで人気の、窓から放り出されそうになったムッシュー・クルシュのように、旅回りの吟遊詩人はいろいろな人から声がかかるよう音楽以外のスキルを身につけていることが多かったが、やはり宿屋ではなくテントで寝ていた。

テレサのようにはなれず、じっと待っても吟遊詩人がなにもせず、吟遊詩人がいたために所持金が減ってしまったならしかたない。もっと人気のある職業で慰めを得よう。それは、アニマルトレーナーだ。

ブルゴーニュからスワヒリ、バグダード、そしてインドや中国にいたる都市国家の貴族たちは、見世物や芸をする動物を飼っていることでよく知られていた。典型的なコレクションはライオンやゾウなどのエキゾチックな動物だった。動物の芸を披露したければ、そのペットを旅に連れていかなければならない。中世の人々は、人間が調教する動物たちと仲よくなることも重要だとしっかり心得ていた。とあるイングランドのハンティングマニュアルでは、子犬をひとりぼっちにさせないよう、未来の猟犬が暮らす小屋でだれかが一緒に寝ることを勧めている(まさに史上最高の仕事)。昼に耳がずきずきするなら、夜だけでもかわいいふわふわの毛玉を抱いて癒《い》やされたらいい。

そういえば、イングランドの巡業アニマルトレーナーはクマ飼いとして有名だった。なので「抱く」のは……。

作戦その3の代案の代案――歌えるようになる

自分が吟遊詩人になってしまうということだ。我慢はほかの人にさせよう。

いかさまに打ち勝つ

ヘンリー・ペッケは黒死病で命を落とさずにすんだ。けれども、ランチではどうだろう？中世ロンドンのみすぼらしい通りともなれば、ランチを食べても大丈夫とはかぎらない。料理人はパンやパイのかさを増すために、灰や砂、そして「クモの巣」を詰めていたことでよく知られている。[2] 1351年1月の運命の日、ペッケはふたりの友人とともに、ヘンリー・ド・パッセルーがやっていた屋台でチキンパイを食べるという失敗を冒した。そのチキンパイは、陪審員の言葉を借りれば「腐って悪臭を放っており、人類にとって忌まわしいもの」だったのだ。[3]

ペッケと友人たちがそれに気づいたのは、むしゃむしゃと大半を食べてしまったあとだった。なので、ランチタイムがきても、ペッケのようになってはいけない。何時間ものあいだ腐っ

2 Henry Thomas Riley (ed.), *Munimenta Gildhallae Londoniensis* (Longman, Green, Longman, and Roberts, 1860), 3: 415.
3 Henry Thomas Riley (ed. and trans.), *Memorials of London and London Life in the XIIIth, XIVth, and XVth Centuries: Being a Series of Extracts, Local, Social, and Political, from the Early Archives of the City of London* (Longmans, 1868), 266.

た大量のチキンを吐き出すために、あるいは法外な値段のビールを買うために、あるいは馬の飼料で作られたパンを食べるために、時と金を費やしてはならない。客の金を残らず巻き上げようとする物売りはそこかしこにいた。額面の大きなコインではなく小さなコインで支払おうとすると、値段を「修正」して釣り上げる連中もいた。

当然、あなたはそれほどずる賢くない。そこであなたは、法律や商人の手引きから、宿屋の内外でそうした詐欺を回避する方法を学ばなければならない。わかっているかもしれないが、いかさまメニューの筆頭はアルコールである。

ひときわ目立つそのアルコールの詐欺は、パッと見た感じより悪質だ。当時は「苦い水」ではなく「甘い水」であれば、あるいはもしかすると苦い水でも煮沸すれば、水をいくらでも飲むことはできた。けれども、老若男女を問わず、キリスト教徒とユダヤ教徒の日々の飲み物はワインと、エールを含むビールだった——余分なカロリーと味から考えて、だいたい中世の炭酸飲料のようなものと考えていい。

それでも、多くの伝道師が酔うための飲酒はとんでもない罪だと声を枯らして説教していたところを見ると、酒場であなたが飲む酒には飲む前に考慮すべきほかの要素があったにちがいない。

最古の詐欺はかなり古く、聖書の時代にまでさかのぼる。食事のときだけ上等なワインを出し、夜がふけるにつれてどんどん安いワインにすり替えていくのだ。酔った人々にはもはやそのちがいはわからない。ワインの等級や産地について、宿屋の主人が初めからうそをついていることもある。商人も怪しい。たとえば、アウクスブルクの商人であっても、好きなだけフランス産のワインを売ることができる。ドイツ産のワインの販売を禁止されたらフランス産だと主張するだけだ。

そうはいっても、そもそも金がなければ夜の飲み物の詐欺にはあわない。ただ、逃亡あるいはクエストに金がいるなら、あなた――もとい、その人物はスパイス取引で客を口車に乗せることができる。西ヨーロッパのスパイスの定義は「遠い場所の高価なもの」というくらいあいまいだったので、何日かやればしこたま儲《もう》けられるか、監獄行きかのどちらかになるはずだ。国境をまたぐ貿易商なら、絶対に必要なものとして、賄賂《わいろ》も予算に組み入れておくべきだろう。あなたは実際にいかさまをしな――もとい、心配しなければならないのだから。スパイスはたいていの場合、少量のサンプルをもとに一度に大量に量り売りされる。よって、売り手にサンプルを選ばせてはいけない。だれも信用してはならない。

クエストを進めるにつれてあなたは、天秤をごまかす売り手にも出会うはずだ。もう一歩進んだ例もある。ヴェネツィアの人々は、(彼らがいうところによると) アルメニアの小麦商人の量り方は独特だと不満をこぼしていた。相手は外国人だ。わかるわけがない。たとえ売り手と買い手の両方が納得するように天秤のバランスをとったとしても、売り手が自分の商品に少し重みをくわえることまでは防げない。

正直いって、あなたが買うスパイスにはいくらかの砂や埃が混じっていると考えていい。実際、ロンドンにはスパイスを選別する職業のギルドがあった。もちろん、あなたがロンドンの商人に売る立場だったら、いわゆる選別人はいてほしくない。一方、あなたが買う立場のロンドンの商人だったら、逆に、金を払ってでも選別してもらうだろう。まさに、商売の世界ではだれもが麻袋と同じくらい汚いのである。

直面する問題は砂だけだと思い込んでしまう前に述べておくと、14世紀の本『ジバルドーネ・ダ・カナル *Zibaldone da Canal*』――イタリア語のタイトルを使うほうが『ダ・カナル家のだれかのものだと思われる切り抜き帳』と呼ぶよりいいだろう――には、模造品と良質なスパイスを見分ける方法を説明する膨大なセクションがある。

あなたが手に入れたい食べ物関連のほぼすべての商品と同じように、スパイスのいかさまを見抜く最良の方法はサンプルを味見することだ。ただし、いっておくが、もっとも貴重なスパイスのふたつはタティー（磨き粉）と竜涎香《りゅうぜんこう》、いうなれば煙突汚れとクジラの乾燥吐瀉物《としゃぶつ》である――つまり、すべてがおいしいとはかぎらない。ついでにいえば、なにもかもが味見に適しているともいえない。石黄《せきおう》は染料に使われるミネラルで、新鮮なうちはいいのだが、劣化すると……なんと、ヒ素になる。

つまるところ、スパイス貿易全体が機能したのは、それが評判と取引の繰り返しに頼る商売だったからである。外からやってきた一度きりの客を呼び込むことのできる宿屋の主人とはちがって、何度もいかさまをしていることがばれてしまうと商売ができなくなってしまうのだ。もちろん、宿屋の主人のように一度きりの取引に特化していれば話は別だ。

ということで、外国からやってきた一見さんは食べ物には気をつけなければ。

給仕女を口説く

「一緒に修道院に戻って禁欲の誓いについて話をしない？」

はいはい、そこでストップ、肉食系のおにいさん、おねえさん。騎士道精神は貴族のためのものだった。とりわけ、戦いの栄光で輝く騎士のふりをしたい貴族男性の。一方、あなたがクエストの途中で給仕女に声をかけたときに予想される結末はふたつ。ひとつ目は、彼女がわざとつれなくしながら、あなたの旅に同行する口実を見つける。ふたつ目は、あなたが口説いているところを見ただれかが激怒して、酒場で喧嘩になり、彼女はあなたに同行して逃げざるをえなくなる。

なので、あなたの最高の口説き文句が「残念だが、きみを絞首刑にしなければならない。だってきみはぼくの心を盗んだから」でしかないとしても、心配しなくていい。実際にそれを口にできるようになるまでにはまだ、考慮しなければならない問題が3つもある。給仕女を口説けるのか？　給仕女を口説きたいか？　そして、給仕女を口説くべきなのか？

給仕女を口説けるのか?

愛と戦争はけっして平等ではない。そこでこの質問はさらに3つに分けることができる。

あなたは給仕女を口説けるのか?

「情欲の罪について懺悔《ざんげ》しない?」

あなたの口説き文句はヨーロッパの都市のようだ。それを聞いただけで、生まれる数より死ぬ数のほうが多くなる。中世ヨーロッパの都市部では「人口減少」が起きていた。あなたがいくら給仕女を口説こうにも、彼女が疫病で死んでしまったら口説けない。

ただし、その土地で生まれ育った人が街を繁栄させられなくても、移民がやってくれる。中世を通してずっと、都市部の人口は仕事を求めて近郊の街からやってくる人々で爆発的に増えていた。ベルギーに近づけば近づくほど、より多くの十代や二十代の女性たちが、より多くの結納金を望んでいるところを目にするようになる(ベルギーは有名な愛の国)。

要するに、給仕女を口説くことはできる。都会には独身、仕事あり、長期的な関係希望の若い女性が山ほどいるからだ。

でも……

あなたは給仕女を口説けるのか？

「きみは火あぶりにならなければいけない。だってぼくに魔法をかけたから」

あなたの口説き文句は中世の結婚のようだ。あらかじめ決まっているとよろしくない。ヨーロッパの上流階級における結婚が政略結婚で、たがいに惹かれ合う以外のさまざまな理由に基づいていたことは、ほとんどしかたのないことだった。あなたが口説き下手で、せいぜい「馬上槍試合にこないかい？　騎士と従者のちがいをみせてあげるよ」くらいしかいえないなら、口説かなくてもすむ結婚は渡りに船だろう。

ただ、もしあなたが給仕女と結婚するための法的条件（男性で14歳以上、相手の女性はなんと12歳以上）を満たしていても、勇み足は禁物だ。ナバラ王国のジャンヌ・ダルブレと、自分が望むより少ない領土しか持っていなかったヴィルヘルムの話を聞いたほうがいい。

ジャンヌの両親（ナバラの王と王妃）は、神聖ローマ帝国の皇帝に反旗を翻すという誤った考えを抱いていたドイツの公爵ヴィルヘルムと娘の結婚を決めた。１５４１年の婚礼の日、12歳の王女は、抱えられるようにバージンロードを運ばれていった――泣きじゃくりながら。その後、ヴィルヘルムの謀反は失敗に終わった。結婚もまた失敗に終わり、ジャンヌは１５４５年に婚姻の無効を勝ち取った。

その一方で、ジャンヌは１５４８年の自分とアントワーヌ・ド・ブルボンの政略結婚には前向きで、やがて息子をナバラの王、そしてフランスの王へと導いた。夫との愛が冷めても彼女は「気にしない」と述べ、ブルボン家の発展に力を注いだ。ジャンヌはみずからフランスとナバラにおける異端のプロテスタント運動を率いて、それをナバラの国教にすると宣言した。最初の結婚で泣きじゃくっていた幼い少女は、2度目の結婚ではカトリックを異端と称する指導者になったのである。

政略結婚はしないほうがいい。さて、最後の問いは、

あなたは給仕女を口説けるのか？

もうわかっている。

無理だ。

給仕女を口説きたいか？

「ぼくはルネサンス時代に足を踏み入れたのか？　きみはまさに芸術だ」

あなたの口説き文句はまさに中世の10〜25パーセントの女性のようである。つまり、結婚にはいたらないということだ。

これは、修道女を含まない10〜25パーセントの中世の女性たちが、もっぱら女性に惹《ひ》かれて

いたということではない（そして10～25パーセントがあなたに惹かれていたということだけは絶対にない）。性別の観点から女性とはこれこれこういうものだと定義していたのは男性の書き手たちだ。鵜呑《うの》みにしてはいけない。中世の女性たちが独身を貫いた理由は、自立したかった、子どもを産みたくなかった、宗教的な願いがあったなど千差万別だったが、彼女たちが書き残さなかったために今となっては知るよしもない。

その一方で、そうした（法的に）独身の女性の暮らしぶりは、女性を愛した中世の女性が——恋でも憧れでも——だれかと生涯をともに過ごそうとしたようすを垣間見せてくれる。1493年、（おそらく）ロンドンのトマシーナは「内縁の妻」としかわかっていない女性と同居していた。オッフェンブルクのゲルトルート（1335年没）は裕福な未亡人で、若い未婚女性スタウフェンブルクのハイルケと一緒に暮らしていた。ふたりは生活を支えるためにハイルケが兄弟の遺産を全部相続できるよう段取りをつけ、30年と28週後にゲルトルートがこの世を去るまで離れなかった。リュベルシーのニコルと、コンテッセという名しかわかっていない女性は、1270年ごろに同じホステルに部屋を借りていた。いずれも貧しかったにもかかわらず、片方が病に倒れたときには余分に仕事をしてたがいを支え合った。

ただし、勝手に解釈してはいけない。これらの例は同性愛の典型のように見える。けれども、中世ヨーロッパは女性同士の憧れが頂点に達した時代だったこともたしかだ。ゲルトルートとハイルケについてもこういわれている。「ふたりはともに暮らし、人生のよいときも悪いときも、あたかも自分のことであるかのように相手の苦悩を共有した。ひとりが病めば、もうひとりも病み（中略）ふたりは神の名にかけて、友人として、苦しみを乗り越えるために支え合った。そして幸せな人生をともに歩んだのである」[4]

なので、給仕女がかわいいと思うなら、口説けばいい。10〜25パーセントに入るか入らないかはわからないが、相手も同じ気持ちになってくれる見込みはある。

ということで、最後の問いだ。男でも女でも、既婚でも未婚でも、彼女に惹かれていてもそうでなくても……

給仕女を口説くべきなのか？

「ぼくの城へきて塔を探検しない？」

あなたの口説き文句はまるで酒場の喧嘩のようだ。一家で切り盛りしている店にはまったくふさわしくない。それに、知っているだろうか？　あなたがひいきにしている酒場はほぼまちがいなく家族経営だ。

4　Anneke Mulder-Bakker, *The Dedicated Spiritual Life of Upper Rhine Noblewomen: A Study and Translation of a Fourteenth-Century Spiritual Biography of Gertrude Rickeldey of Ortenberg and Heilke of Staufenberg* (Brepols, 2017), 131.

もしかすると、家の1階にある酒場を所有しているのは父親で、家業を継ぐ息子に見習いをさせているのかもしれない。あるいは、夫の稼ぎが少なくなったので、子持ちの妻がときどき配膳の仕事をしているのかもしれない。あるいは、未亡人が家の一部をパブに改築したのかもしれない。

中世の酒場は、たとえ自前の醸造所と幾人かの使用人を抱えていたとしても、典型的な個人の家の個人経営の店だった（そして、ときに「酒場」と呼ぶには無理があった）。女性が就ける職業が全般的に減ってしまった近代初期に入ってからでさえ、小さな酒場はよくあり、たいていは女性が所有者で、自宅で、家族が切り回していた——家族総出で。

ジャック・ル・フランソワは、ある年、ピトルで、ひとり静かにビールを飲みながら考えごとをしていたとき、それを思い知らされた——そしてなんの理由もなく、酒場をやっていた家族から追い出されそうになった（驚くまでもなく、酒場の主人は、暴力で無作法な酔っ払いのジャックが家族を襲おうとしたと、その「なんの理由もなく」の部分を説明している。近所の人はその事件の「暴力で無作法な酔っ払い」の部分を「酒場をやっている家族とジャックがどこかの土地について言い争っていた」と説明している）。

要するに、給仕女は酒場の主人の娘である可能性がきわめて高い。仮に彼女が使用人だったとしても、中世の人々は男も女も、自分の使用人が許可なく交際あるいは結婚すると告訴することがよくあった。

酒場の主人は、ひいき客の暴力を止めよう、客を酔わせてもっとビールを買わせよう、ビールを薄めて利益を増やそうと、いつも警戒している。たとえ、彼らが若干ましな親や雇い主で、その場所が「酒場」と呼ぶにふさわしいものだったとしても、やはり主人はかわいい給仕女——とあなた——に目を光らせている。

あなたが男性でも、女性でも、ノンバイナリーでも、半分に分裂して再生するアメーバーでも、ときに、給仕女を口説くということは昔から災いのもとである。ジャックの話を知ればわかるように、家族というものは身内を守るためならなんでもするからだ。

さて、その酒場の喧嘩についてだが……

酒場の喧嘩に勝つ

カーバルは酔っ払っていた。へべれけのぐでんぐでんだった。それが問題なのは、これが860年で、彼がオソリー王国の王で、ヴァイキングに襲撃されていたからだ。しかも、自分の館を。まさに今。すぐ外で。そして、臣下の貴族がいうように「酩酊《めいてい》は武勲の敵」だった。けれどもカーバルはとりあえず剣を手に取った。古アイルランド語の年代記いわく「そうしてカーバルが王の間から出てきた。彼の前にある巨大な王家のろうそくが、遠方まで、四方八方を照らした。ノルウェー人は恐怖におびえ、近くの山々や森へと逃げた。大胆にもその場に残った敵は、みな殺しにされた[5]」

これは「酒場の喧嘩」ではない？

そうかもしれない。代わりに中世の法廷記録にある悪党の手口を見てみよう。

5　Joan N. Radner (trans.), *Fragmentary Annals of Ireland* (University College Cork CELT Project, 2004, 2008), https://celt.ucc.ie/published/T100017.html, FA 277.

1　ロンドン、1321年11月

マイケル・ル・ゲイジャー（「ル」は中世イングランドの姓によく使われていた）とジョン・フォークスは、アビーチャーチ通りの宿屋で「ハザード」——疲れ果てた十字軍が戦いと戦いのあいだに考え出したといわれている——と呼ばれるサイコロ賭博をしていた。「なにか」が起きたにちがいない。なぜならジョンは家に帰らなかったからだ。彼は酒場の外で待ち伏せていた。そしてマイケルが出てくると、剣で心臓を貫いた。検視官の報告によれば、傷は深さが15センチに達するほどだった。

ジョンは一時的に修道院に逃れ、その後完全に街から姿を消した。酒場の喧嘩に勝つ方法としてはなかなかいい。

2　ロンドン、1323年12月

スティーヴン・ド・レン（「ド」も中世イングランドの姓によく使われていた）とアーカス・ド・ライクリンジはバックギャモンの勝負に賭け、スティーヴンが圧勝した。ふたりは一緒に宿屋を出て、話をしながら歩いていた。アーカスがナイフを出してスティーヴンの腹を刺すまでは。2度も。10センチの深さまで。

アーカスは逃げた。

3　ムン・シュル・ロワール、1341年

アニエス・ラ・パガナム（今度こそ本当にフランス人）は、畑の収穫はゲラン・ル・ピオネのものと約束していた。にもかかわらず、人を集めて、彼より先に収穫してしまった。ゲランはアニエスの酒場にすっ飛んでいって、うそつきと罵り、焼き払ってやると脅した。

結局、アニエスを告訴したゲランが勝ち、アニエスはしぶしぶ１００リーブルを支払うことになった。相手の酒場で喧嘩に勝つというのは、ややレベルの高いスキルかもしれない。

4　ロンドン、1301年3月

ロバート・ド・エクセター、ロジャー・ド・リンカーン、ヘンリー・ド・リンカーン、そして給仕女のレティシアは、チェッカーに興じていたわけではまったくない。だが、トーマス・ド・ブリストルとジョイス・ド・コーンウォールは楽しんでいた。そして、ロバート、ロジャー、ヘンリーのいずれかが、チェッカーボードは女と寝るのに最適だと考えた。ひとりがレティシアと長椅子に寝そべった拍子に、チェッカーのピースがそこらじゅうに飛び散った。

続いて起きたできごとはややあいまいだが、下着１枚になって上階に隠れるはめに陥ったのはトーマスだった。ロバートはトーマスが隠していた短剣を手にすることになり、ジョイスは

路上で死んでいた。

ロバート、ロジャー、ヘンリーは逃げたが、トーマスは凶器を隠し持ってはいけないと身を持って知ることになった。

5　ウェストミンスター、1397年

巡回司祭のサイモン・ヘルジーが、宿屋コック・インに足を踏み入れたとき、おそらく喉の渇き以外に思うところがあったのだろう。宿屋の女主人アリス・アッテ・ヘスもなにか思うところがあったのだろう。彼女がサイモンを宿に誘い込んだとたん、彼女の友人たちが彼に飛びかかった。サイモンは指輪、財布、コートを取られ、無一文になった。サイモンはおそらく、禁欲の誓いをもっと真剣に守るべしと思い知らされたにちがいない。

6　オックスフォード、1306年

ウェールズのイリアスとふたりの男が、個人経営の宿屋に強盗に入って、女主人のマージェリー・ド・ラ・マーチに襲いかかった。助けを求めた彼女の大声が、外にも近所の家にも届いた。男ふたりは外へ飛び出して逃げたが、隣人のジョンがイリアスを地下室へ追い詰めた。逃げようとしたイリアスはジョンの腕を折ったが、ジョンは階段をふさぎ続けたばかりか、イリ

アスの顔面に拳をくらわした。

この酒場の喧嘩ではだれもが傷を負ったが、最後に笑ったのはマージェリーとジョンだった。牢屋《ろうや》の看守がジョンの父親だったからだ。

7 ミュンヘン、1513年

あるとき、ヨルグ・リグラーは、名の知れた騎士カスパー・ウィンツァーの使用人のひとり（名前は不明）と1カップのワインを分け合って飲んでいた。かと思うと、一緒に酒場を出て、最初に出会った人物を殺害しようと約束を交わしていた。

太陽が沈むころ、最初に出会った不運な男性は命乞いをした。わたしはなにも悪いことはしていない、わたしはまったく無害な人間だ、ほら、以前の事故で片手がない、だからわたしが危害をおよぼせるわけがない！　そこでリグラーと使用人は代わりに2番目に出会った男を殺した。使用人は捕らえられ、リグラーのせいにして、処刑された。リグラーが捕らえられたのかどうかは定かでないが、まちがいなく使用人のせいにして、まちがいなく罰を免れた。

けれども、神の裁きを逃れることはめったにできない。2年後、酔っ払ったリグラーは階段から落ちて死んだ。

最後にもうひとつ、最高に恐ろしい状況で最高に勇気がある人物にしかできない方法がある。たとえば、カーバルがろうそくと剣でヴァイキングを追い払った翌朝のように。なぜかというと、夜明けとともにヴァイキングの生き残りが戻ってきたからだ。カーバルは先頭に立って突撃した。年代記にはこうある。「カーバルはこの戦いでは激しく戦った。前夜の飲み過ぎが大きな妨げになり、彼は激しく嘔吐したが、それが大きな力となった」[6]。カーバルは栄光と戦利品を携えて家に帰った。

先に述べた案はすべて没にしよう。これこそが、酒場の喧嘩の必勝法である。

6　Fragmentary Annals, FA 277.

宿屋から逃げる

12世紀、ジェノヴァの名家は、こぞって自分たちの邸宅の隣に高くて美しい塔を建てた。塔はジェノヴァが持つ力と富、そして実入りのよい地中海貿易の支配者であることの象徴だった。その後、各名家は、ほかの塔に大きな岩を放って破壊できるように、塔の上に投石器を据えた。

それは、議会のさなかに起きた殺人も含め、何世紀にもわたってさまざまに変化してきた名家同士の同盟関係の最後の姿だった。中世では、人々の記憶は長く、宿怨が和らぐことはない。やや脱線したが、話を戻そう。酒場の喧嘩だ。

街から逃げる――だれが

あなたの酒場での喧嘩は必ず人々に知れわたる。けれども、その発覚はあなたに都合よく働かない。勝っても負けても（これだけ助言されているのだから負けるわけがないが）街から逃げるのはあなただ。

中世後期のヨーロッパでは「街の評判」にちゃんとしたラテン語の名称「ファーマ」があったと聞けば、評判が大問題であることはもうわかるだろう。裁判で証拠になる可能性もあれば、中学や高校のいやな思い出にもなるこのファーマは、裁判官と陪審員の両方の役目を果たしうる。

ファーマの核は「よい評判」あるいは「悪い評判」である。つまり、あなたの喧嘩にかかわる裁決は、評判がよいのはどちらの側かということに左右される可能性がある――よそ者であるあなたはすでに形勢が不利だ。

フランスのある法学書に、あなたの現在の状況に直接関係がありそうな例が載せられている。その理論上の犠牲者は宿屋に泊まっていたときに持ち物がなくなった。宿屋の主人の評判が悪ければ、主人が客の所有物を盗んだということはほぼ既成事実だ。けれども、宿屋の主人の評判《ファーマ》がよければ……そもそも本当に持ち物はなくなったのか？　となる。

これは理論上の例で、現実はそれほど極端ではないかもしれない。とはいえ、あなたはそんな状況で幸運に恵まれるほどの人物だろうか？

街から逃げる――なぜ

暴力ほど「酒場」を物語る言葉はない。実際、宿屋の常連が強盗を企てている盗賊の一味だったなら、空き部屋を見つけた宿屋に喧嘩がなくて逆に怪しいかもしれない（そうした宿に泊まってしまったら、おそらく盗賊の一味と戦うことになるだろう。そんなやつらとは一緒にいたくない）。

それでも裁判の例からは、中世ヨーロッパの人々がほとんどの場合（あくまでも、ほとんどの場合）、もっとも暴力沙汰になりそうな状況においてさえ力にものをいわせることには反対だったとわかる。ジェノヴァの人々はときどきほかの塔に向かって投石しただけだ。ほとんどの場合に暴力を回避しようとするその熱意は、法律とその実践の両方に表れている。地方によっては、隣人やその場に居合わせた人が喧嘩を止めたり悪者を追いかけたりしなかった場合、彼ら自身が罪を問われる可能性もあった。

ここで知っておくべきことは、人々がときに、たとえ自分の命を危険にさらしても、暴力沙汰になってしまう前にとことんそれを止めようとすることである。1565年のフランクフルトで、中流階級のハンス・ヘクペッヒャーが大胆にも街に入る狭い門をロバに乗ったまま通ろうとした。ところがちょうどそのとき、街の裕福な住民が門を通って外に出ようとしていた。その金持ち、フィリップ・ヴァイス・フォン・リンブルクは突如として急ぐ必要がなくなったと見える。彼は相手の男をロバから引きずり下ろして、ナイフを振りかざした。

街の番兵がそれを無表情に監視していたのか、おもしろそうに見物していたのかは、資料からはわからない。要は、彼らは手を出さなかった。けれども、たまたまそこに居合わせたフランクフルトの住民たちが介入した。ひとりはヘクペッヒャーとナイフを手にしたヴァイスのあいだに入り、落ち着けとどなった。それがどれくらい効果をあげたかは想像にまかせる。

だが、ひとりだけではない。ほかの通りがかりの人々も、たがいにつかみかかろうとしているヘクペッヒャーとヴァイスを押さえようと割って入った。実際、ヴァイスにロバから下ろされた瞬間だけ驚いて汚い言葉を吐いたあと、ヘクペッヒャーまでもが、ことを丸くおさめようと素手でヴァイスに近寄ろうとした(といわれている)。番兵はいたけれども、だれも死なずにすんだのは、ふつうの街の人々のおかげだった。ヴァイスは街の人々も刺そうとしたが、それでもみな手を貸したのである。

つまり、酒場であなたを見ている人たちは、喧嘩になりそうだとわかっていても、おそらく喧嘩を望んではいない。

不意に、宿にも街にも自分はあまり歓迎されていないように思えてくる。

街から逃げる――いつ

ばかをいえ。

今すぐだ。

街から逃げる――どうやって

日中のほうが比較的容易だろう（もっとも日中ではない可能性のほうが高い）。まず、うわさ話より早く動かなければならない。悪事や悪者のニュースは、厳密にいえば馬のスピードで伝わる。ただ実際には、中世の都市には「小さな子どもをひかないように」馬の「制限速度」があり、街の人々が守っていた。よって、「ファーマ」はたいてい人間の徒歩あるいは大声で話が通じるスピードで伝わった。そして、みなが忘れるまで隠れていようと思うなかれ。中世のパリ市民は、事件からかなりの時間が経っても犯人を追うことで知られている。

疑わしく見えないように、あなたはうまく周囲に溶け込むか、うまく目立つ必要がある。最初の選択肢は地元の人らしい服を着ることだ。危険なほうの選択肢は、流行りの富裕層向けの服にほかの街のアレンジを取り入れることだが、その場合、どの街を選ぶかがきわめて重要である。１５００年までにはかなりの街がたがいに協定を結んでおり、たとえほかの街にいてもその人の自国の法律が適用されるようになっていた（殺人や放火でないかぎりはそうなのだが、あなたの場合はどうだろう？）

あなたがいる場所の緯度から考えると、すでに日は暮れている。となると、ほかにも問題が生じる。

まず、まっすぐ目的地に向かえればいいのだが、あなたが奇跡的に街のレイアウトを知っていたとしても、正しい方向に向かっているのかどうかが見えないという小さな問題がある。せまい通りに立ちならぶ多層階の建物が、月明かりをさえぎってしまうかもしれない。イベリア半島の内陸部のように敵の侵入や襲撃につねにさらされている街は、たいまつを持っていいのは夜警だけと法律で決められていることが多い。

いちばん簡単な解決方法は夜警を装うことだ。警備の任務は臨時雇いの交代制が多く、人がころころ替わるため、意外にも夜警のなりすましはありうる。

残念なことに、この方法は街の民兵のリーダーの目にも十分ありうると映っていた。彼らは——冗談ではなく——夜警が見回りの途中で出会ったとき、あるいはだれかが正当な理由で門を通り抜けるときに交わす合言葉のローテーションを組んでいた。

ほかにどうしようもなくなったら、最後の捨て身の手段として、注意をそらすために火事を起こすことはできる。火事は中世の街にとってほぼなにより危険なものだったため、いち早く注意を引き、周囲の人を集めることができる。

もっとも、その戦術はやめたほうがいいだろう。街に対する攻撃として火をつければ、結果として生じる死者に対する殺人罪はもとより、ただちに放火と反逆で有罪になる。つまり、最初からふたつの死刑に値する罪を犯すことになるのだ。くわえて、法律では、死刑に相当するさまざまな犯罪それぞれに特定の処刑方法が決められていることが多い。なにより、あなたは勇者だ。勇者は放火と殺人を疑われることはあっても、実際にはやらないはず。

それでもほかに方法がなければ、イタリアの名家の塔に忍び込んで、投石器に石を積み、仕事にとりかかることはできる。塔から放たれた石がライバルの宮殿をばらばらに砕いても、あなたが街から逃げ出して旅を再開するためのカモフラージュにならないなら、もうお手上げだ。

旅路

旅の道（そのもの）

くだんの給仕女の怒った母親と、大勢の邪悪な存在に追われているなら、1380年代のチャーチー修道院には近づかないようにしよう。ロンドンへ向かう途中で最後の夜を明かすために泊まる場所が必要な旅人を、修道士たちはもちろん温かく迎え入れてくれるだろう。ただし、歓迎はされても絶対に用心が必要だ。たとえば、修道院の近くには、まだ道がない場所がある。というより、もともと道はあるのだが、川に近い部分だけは氾濫時に水が土手を越えて道が湖になってしまう。くわえて、修道院の別の道には、どまんなかに井戸が掘ってある。さらに、その井戸が掘ってある道の別の場所にも、旅人にはすぐにそれとわからない別の井戸が掘ってある。案の定、1386年にある旅人がみごとにその井戸に落ちて、溺れ死んだ。

そして、修道院長はその旅人の金と所持品を修道院のものにした。

だが、心配ご無用。隠されたわながみな悪意に満ちているわけではない。北海沿岸の低地帯を旅する？　道を覆っている美しい雪は、人と馬を生き埋めにするくらい深い溝を隠しているかもしれない。こちらの場合は少なくとも、近隣の修道院は旅人の金をくすねることにはあまり関心がない。むしろ、修道院長が奇跡を起こしてその旅人を助けたと、院長を聖人のように見せるほうに魅力を感じている。名高い聖人は旅人の懐にあるものよりずっと多くの金を修道院にもたらすかもしれないからだ（心配はいらない。修道院長は馬も助けてくれる）。

そうはいっても、自分が劇的に救出されたとか、哀れな事故で溝などに落ちたという話は広まってほしくない。中世の道は理論どおりに作られていないのがふつうだったので、チャーチー修道院が道を作らず、管理もしていなかったことが大げさに騒がれずに訴訟になっただけですんだと聞くとほっとする。

勇者になる前のあなたの旅が自分の村と市場のある街や聖人の礼拝堂にほぼかぎられていたことを考えると、あなたはおそらく、中世の道には3つのタイプがあると思っていることだろう。つまり、埃《ほこり》っぽい道、ぬかるんだ道、そして命を落とすほど危険な道だ。けれども、中世に人口が増加して、交易がふたたび盛んになると、往来の多い道の質を高めることがますます必要になり、またそうすることで利益が上がるようにもなった。

盛り土で路盤を作れば、道が池になってしまう問題を回避できる。もしあなたが運よく800年ごろのシャルルマーニュ［カール大帝］だったなら、自分より先に従者をいかせて、道路を平らにさせ、顔に当たりそうな枝を刈り込ませておくこともできた。

荷車（めったにこない）が、足首を捻挫しそうなわだちを作ってしまった場合、地主が路面に木の薄い板を敷くこともあった。あるいは、マールバラの職人のように、わだちで道が割れるたびに幅を広げることも。結果として、道幅は1キロほどに広がった。かなり徹底したぬかるみとの戦いである。

泥に関していうなら、とにかくすぐに服を洗おう。

街が近づくと道がよくなるのですぐわかる。中世盛期、西ヨーロッパの人々はすでに突き固めた砂利で道を舗装していた。街の外もだ。かなり運がよければ、街なかは石畳になっている場所もある。街頭の人がトーマス・アッテ・チャーチに「飛ばすな」とがなりたてた1301年のロンドンなら、まちがいなく、泥のなかを苦労して進む必要はなかった。

(ひと言アドバイス——近代以前の頭に血が上ったドライバーとかかわってはいけない。歩行者は死んだ。そして、トーマスは神の裁きを受けることになった)。

そうするあいだにも、近東のアラブ化された文化はヨーロッパの「舗装」と「車輪」をせせら笑っていた。マリとの金や象牙の取引で力をつけたベルベル人からヒントを得た彼らは、荷車を引く雄牛の排泄物をなんとかすることから、荷を運ぶラクダの排泄物をどうにかすることへと方針を転換した(アラビアとヨーロッパの資料は奇妙なことに、どちらもふんの比較研究について沈黙を保っている)。

つまるところ、中世の世界の人々は、自分たちの暮らしや旅の需要に合わせて道を造り替えること、またできあがった道の状態に合わせて暮らしを変えることの両方に長けていた。農民は道路整備の負担を少なくするために、たがいに離れた農地ではなく村にかたまって住むことを選んだ。スカンディナヴィア半島北部のサーミ人はトナカイを調教してソリを引かせた。ベルベル人はラクダに乗り、ニュルンベルクの人々は石畳を敷いて、一部の人間はあなたが井戸に落ちるよう願った。道（あるいはむしろ橋やそこへ続く山の峠道）を望めば、道ができる。

むろん、そのためにはあなたも金を払わなければならない。いかなる街も領主も国王も、あなたの旅を快適にするために金を投じたりはしない。街がとった方法は単純だった。税を取れる住民すべて（おそらく人口の半分程度）から税を取り、やってくる訪問者からもさらに税を取る。かたや、領主は関所——たいていは塔ひとつだけ——を作って、道路予算に当てた。十字路や橋を通る旅人が金を払わなければ通れないようにしたのである。

それでうまくいったのか？　答えはアルプス山脈を見ればわかる。

頭が追いついていない場合に備えていっておくと、西のキリスト教世界の中心はローマだった。ローマとそれ以外のキリスト教世界を分け隔てているのがアルプスだった。ローマから各地へ迅速にメッセージを届ける必要性と、イタリアの各都市との交易が盛んだったことを考えれば、アルプス山脈を迂回《うかい》するなどありえなかった。遠回りなどしていられない。

それでも、これはあのアルプス山脈だ。１４８０年、恐れを知らぬドイツ人司祭フェリックス・ファブリは、よく整備されたアルプスの道の一部分について、次のように表現している。そこは、縦列になって進まなければならないせまい道で、ひざまでつかるぬかるみが雪で覆われており、片側はごつごつした岩の断崖、反対側は絶壁だった（いかにもあなたの最初の劇的な救出や悲惨な事故が起こりそうな場所である）。

しかし、1483年にファブリが2度目に旅したとき、彼は思いがけず喜ぶことになった。新しくできた関所で大きな銀貨をしぶしぶ出さなければならなくて不快な思いをしたことはたしかだが、その後、彼はぬかるみがくるぶしまでしか届かない広い道で、荷車や馬車と並んで歩くことができたのである。さらに場所によっては、ガードレールのようなものまで設置されていた。

その道路の管理者だったオーストリアならびにティロル公ジギスムントは、往来を増やせば利益を得られると見込んでいた。そして、その方法を心得てもいた。彼には山の岩肌の半分を火薬で吹き飛ばして通れるようにするだけの金があったのだ。ファブリが関所に気づいて驚いたのも無理はない。おそらく、あれだけの火薬で吹き飛ばしたのに、今さらなにを埋め合わせるのかと思ったにちがいない。

旅をする

あなたの村と、街と呼ぶにはまだ無理がある場所とのあいだの「道」、たかだか20キロ程度の道については、あなたが専門家だ。だが、それ以外の中世の世界は？　本格的な旅の専門家からどうすべきかを学ぼう。

ローマ教皇の使者として旅をする

◆メリット――馬が支給される。高速。慣れた道を通る。報酬を得られる。
◆デメリット――アルプス山脈。冬。

はい、次。

巡礼者として旅をする

イスラム教徒によるハッジからキリスト教徒による近くの聖堂への旅まで、巡礼はおそらくもっとも中世らしい旅の形だろう。中世のごく初期には、長距離を旅する巡礼者は団体で旅をしており、旅の日誌をつけていた。１５００年になってもまだ、巡礼者は団体で日誌をつけていた――が、ガイドブック、ホテルの割引、法的な保護、清められた剣、記念品もあった。巡礼者にとってそれらはみな、祈りと献身によって肉体の旅が精神の旅に置き換わると信じているからこそ意味を持つ。あなたにとってそれらは、完璧な隠《かく》れ蓑《みの》になる。

目立たないように溶け込む

巡礼の旅はどんな形でもいい。キリスト教の理想の巡礼者は、祈りを捧げ、瞑想《めいそう》をしながら、ひとりで旅をする。慎重な巡礼者は盗賊に襲われないよう集団で旅をする。模範的な巡礼者はすべての道のりを歩く。合理的な巡礼者は道中で修理できる靴を履く。恵まれた巡礼者には馬がある。ほとんどの巡礼は短期間で、都市の城壁からだいたい1日かそこらの旅だ。もっとも、やる気にあふれたキリスト教徒ならポーランドからローマまで、ユダヤ教徒ならアラゴンからエルサレムまで、イスラム教徒ならそれこそサハラ砂漠を渡って歩くかもしれない。同じ巡礼者が何日も旅を続けているのを見かけてもまったく不自然ではない。

巡礼者は武器を携えていた。12世紀にはすでに、司祭が旅人の剣に祝福を与えて、巡礼者を敬虔な十字軍として送り出していた（教会はしばしば十字軍に戦う巡礼者の役割を与えていた）。名前はわからないが、あるフランスの巡礼者は、１４２０年ごろにイスラエルのヤッファを通ったさい、剣を持っていると余計な料金を払わなければならないと不満をもらしている。別の巡礼者は、キリスト教とユダヤ教の外国人は武器の携行を許されると満足げに語っている。

目立つように溶け込む

中世後期までには、巡礼のためのアドバイスや芸術作品から、典型的な巡礼の姿ともいうべきものができあがっていた。それは、丈夫な靴はもちろん、重いマント、財布、杖、そしていちばん大事な、つばのひろい帽子である。帽子は実際に使うものだが、それまでの旅で得た小さなバッジをつけるためのものでもあった。バッジはたんなる記念品ではない。聖人や聖地のご利益がある明らかな遺物で、神との物質的な結びつきである。巡礼者を見ている人にはそれぞれの人物は見えていない。目に映るのはただの巡礼者の姿だけだ。巡礼者をじろじろ見ている人がいたらおそらく、自分のほうがバッジが多いかどうかを確かめようとしているにちがいない。

そして、バッジの数で目立つ巡礼者は、道中の最大の問題を解決できる可能性がある。それは資金だ。

だれもがみな、1064年のコンスタンティノープル滞在時に身なりがあまりに派手で豪華だったために国王の変装とまちがわれた司教、バンベルクのギュンターのようにはなれない。

かといって、エルサレムへ向かって地中海を渡る航海のためにわざわざヴェネツィアで羽毛ベッドを借りた巡礼者のようにもなれない。それでも、並みの巡礼者は仕事で旅をする人よりはまだ恵まれていた。

中世初期には、遠くへ出向かない巡礼者でさえ、聖堂は巡礼者に宿を提供しなければならないという法律の恩恵にあずかることができた。もちろん、宿の主人である修道院や礼拝堂への寄付と引き換えだったが、奇跡的に病が治ったり、苦難から早く解放されたりするかもしれないという望みもあった。それに、巡礼をすれば、死後まで待たなくても魂の恩恵が得られた。

中世後期のキリスト教徒にとって、巡礼の危険と困難は自分たちの罪をあがなうにふさわしい苦難だった。巡礼の苦難はまた、奇跡が起こるかもしれないという希望を持たせる役割も果たした。キリスト教徒は巡礼によって、地上における神の聖徒の遺物に近づきたいという切なる願いを満たすこともできた。そして、果てしなく増え続けるたくさんの聖堂が、自分たちのこの世とあの世の人生を助けてくれることを期待した。

巡礼者の増加は街にとって好都合だった。彼らが金を落としてくれるからだ。同じく、聖堂が増えれば金を払う側の巡礼者にとっても好都合だった。巡礼者の金をめぐって、いくつもの場所が競い合うからだ。事情通の巡礼者は、今でいうところのホテルの値引きや無料駐車場を提供している街を通って旅をした。橋を渡る関所を管理しているのが修道院？　街の門を通るために通行料がいる？　巡礼者であれば、修道士や役人が見逃してくれる。街に入れば、宿屋が部屋代とビール代の安値競争をしている。

ただし、給仕女を口説くという特典はないから、想像するだけ無駄だ。

どうも話がうますぎる

一般的には今述べたとおりだが、一夜の宿を提供するといった法律の保護があるからといって、すべての聖堂がその法令にしたがうわけではない。ローマのように監視の目が行き届いている都市でさえ、1300年の祝典のさいにはきわめて裕福な巡礼者がテントでのキャンプを強いられた。巡礼産業の発展は必ず巡礼者をカモにする産業の発展とペアになっている。無料あるいは値下げした宿屋にたむろしているスリはいわずもがなだ。そしてはるか彼方からの巡礼者には相変わらずアルプス山脈が立ちはだかっている。

けれども、なにより困るのは、巡礼者の心に、願いがかなわないのではないかという恐怖が忍び寄ることである。母親になるはずだった女性が死産した子どもを胸に抱いてコンクへ向かう。そこの守護聖人である聖フォアに、洗礼を受けるまでだけでも子どもを生き返らせてほしいと祈りながら。だが、聖人が願いを聞き届けてくれないこともある。1272年、仲のよいニコルとコンテスのふたりは、パリのスラム街からサン・ドニにある聖ルイの聖堂へと苦労して旅をした。突然ニコルを襲った体の麻痺《まひ》と失語を治してもらおうとしたのである。彼らは9日間そこにとどまり、祈った――けれども聖ルイと聖堂は応えないままだった。

巡礼者に目的地までの旅の振る舞いについて説く司祭はたくさんいる。だが、家に帰る旅についてはだれも教えてくれない。

やはり話がうますぎる

もともと困窮していたニコルとコンテスは、それでも治癒を願ってコンテスの9日分の収入を手放した。中世の人々は巡礼とその目的地が持つ力を信じていたのだ。

たいていは。

もし「巡礼者」があなたにとってよい隠れ蓑になるなら、だれにとってもよい隠れ蓑になる――中世の人々はそう信じてもいた。奇跡を起こした聖人、クレルヴォーのベルナルドゥス（1090～1153年）は、見知らぬ場所へ赴く巡礼者はすべてのものに興味津々だが聖堂だけには見向きもしないとぼやいていた。15世紀までには、罪をあがなうための巡礼を課されたヨーロッパの貴族が金を払って自分の代わりにほかの人に旅をさせる習慣ができあがっていた。ドイツの修道女フーゲベルクの記録によれば、720年ごろにエルサレムをめざしたアイヒシュテットの司教ヴィリバルトは、スパイとして告発されたたくさんの巡礼者のひとりにすぎない。ほぼ同じころ、アダルベルトゥスという名の盗っ人は、あとからたんまり盗もうと、巡礼者のふりをして大修道院の下調べをしていた。もちろん、巡礼者のための無料の宿泊、食事、礼拝もフル活用して。

というわけで、残された旅の選択肢はこれだ。

盗賊として旅をする

さすがにこれは正義に反する。

清潔に保つ

ジェンダー、肌の色、エルフであるかどうかにかかわらず、あなたと同行者にはまちがいなく共通点がふたつある。第1に、旅のあいだはものすごく汚れていて、汗まみれだ。第2に、全員に鼻がある。

1623年、イングランドの哲学者フランシス・ベーコンは、『生と死の歴史 *The History of Life and Death*』とそれらしい題がつけられた本で、このふたつの状況と折り合いをつける方法を提案した。彼は読者に、若者の腕から血を吸うよりも、赤ん坊の血を浴びるほうが体によいと助言した。それなのに、と彼は続ける。人々（思うに国王以外）はそうしたがらない。ということなので、心優しい読者諸君は、胸になにか冷たいものをのせてみればいいかもしれない。

ベーコンのアドバイスは、ふつうに風呂に入ることを止めているわけではない。風呂を出たらすぐに、ハーブを混ぜたオイルを体に塗りたくったほうがいいというだけだ。

ひょっとすると、ベーコンなどという名前の男が考える、動物性脂肪が持つ無数の健康上の利点についての見解には注意を払うべきではないのかもしれない。とはいえ、中世の人々は清潔さと健康の関係に大いに関心を寄せていた。もし、あなたが、日々漕《こ》ぎ続ける150人の男たちと一緒に3か月間ガレー船に乗るつもりなら、その気持ちがわかるだろう。絶対に清潔さを保つ方法を知りたくなる。

今すぐに。

問題の範囲

「大粒の雹《ひょう》、汚染された雨、そして雪が、汚染された大気を通って落ちてくる。それを受け止める大地には悪臭が漂う」。石炭が燃やされていたロンドンの日々のよう？　いや、ダンテによる地獄の3層目の描写だ。

4層目の入り口はというと、「そこで大きく口を開けた深い奈落の底から発せられるあまりの悪臭に、わたしたちは巨大な墓碑の陰に隠れた」。つまり、やがて8層から9層、そして最深部へと（地獄に落とされた人の身元をまちがえた以外に）立ち止まることなく下りていくこの『神曲――地獄篇』の語り手は、地獄のいかなる光景や恐怖をものともしなかった――が、悪臭からだけは隠れようとした。

でも、地獄はそんなに臭くないはずではなかったか？　1087年、小アジアのミュラからイタリア半島の故郷バーリまで聖ニコラスの体を運ぼうとした盗っ人たちがいた。おそらく故郷の街に名声をもたらそうとでもしたのだろう。けれども、彼らは、神聖な死体は神聖である証しとしてよい香りがすると覚えておくべきだった。墓から出したとたん、聖人の体はミュラの人々が天国のにおいと呼んでいたかぐわしい香りを放った。のちに話に尾ひれがついて、14世紀には、その香りがあまりに強く、港の船にまで漂ったことになった。

バーリの悪党にとっては残念なことに、ミュラの人々はその芳香によって聖人が墓から持ち出されたと気づいた。バーリの盗っ人が犯人であることにも。聖ニコラスの例は、清潔さは神聖さにならぶどころか、神聖さの武器になると告げている。

しかしながら、石けんがなくて後悔するのは、べたべたして気持ち悪いからだけではない。細菌の存在が知られていなかった中世の医学では、病気は悪い空気を通して感染すると考えられていた。なので、クエストを終えて城（と、あわよくば王女）を手に入れたら、コンスタンツの司教オットー3世・フォン・ハーヘンブルク（王女は手に入れなかった）の例にならって、城には別棟のトイレを作ろう。

そして清潔にしてほしい。お願いだ。

洗濯

あなたは悪と戦うための装いを整えた。そのとおり。でも、2日――あるいは3日――続けて同じ服を着て悪と戦う心構えはできていたか？

あなたの村がどれほど貧しい（貧しかった）かにもよるが、それしか選択肢がないということもある。税の控除記録からは、1338年のロンドン居住者の半数はおそらく2着しか服を持っていなかったとわかる（もしくは少なくとも、そう述べることが現実的だと考えられる）。裕福な都会人も安心はできない。衣服は押し込み強盗の標的になりやすいアイテムだった。盗まれないようにと金を服に縫いつけている人が多かったからだ。

さて、あなたは服を洗う時間を作らなければならない。だいたいにおいて、洗濯の基本は時代が移っても変わらない。実際のところ、流水等々があればいい。洗濯そのものより洗濯をするために時間を割かなければならないことである。さて、あなたの村ではおそらくどこかにきれいな小川や役立つ井戸、おどろくほど手の込んだ灌漑《かんがい》システムがあっただろうが、大きな街ともなるとそれなりにいろいろな問題があった。

1410年代、ドイツの街ロイテの上流にあった小さな女子修道院に、かなり特殊な聖人が暮らしていた。エリザベート・アクラーの見てそれとわかる奇跡の傷痕からは、血が流れていた。しかも大量に。そこで、シスターたちは毎日彼女の衣服と寝具を小川へ運んで洗った。血だらけの傷は神に喜びを与えたのかもしれないが、ロイテの住民にとっては喜ばしいことではなかった――洗った服がきれいになるどころか血だらけになってしまったからである。

それでも洗濯が心配だというなら、アクラーをあなたのクエストに招待すればいい。彼女は修道院の敷地内に掘れば水が出る場所を見つけて、街の問題を解決した。まさに家事をやってのけるために必要なスキルである。

それから、アクラーのために洗濯を続けたシスターたちの手も借りるといい。

毎日。

あなたの歯

あなたの歯はたぶんまだあるだろう。

あなたが思うほど、中世の虫歯と歯抜けはひどくなかった（そうはいっても中世後期には「ハニーケーキ職人」がバイエルンの街でひとつの職業として認められていた。また、医学書では歯を赤ワインですすげとアドバイスされている）。それでも、耐えられない歯の痛みと腫れはいつの時代にも存在する。つまり、中世にも歯医者はあって、だいたいはあなたが望むとおりのスキルを持っていた。

ただ、あなたに本当にまだ歯があって、それらを失いたくないなら、なんの手立てもないわけではない。中世の医学は歯磨きの初歩的なコンセプトを認識していた。12世紀イタリアの医師は、くるみの殻で日に3回歯をこすることを勧めている。その歯科医（女性だった可能性も十分ある）によれば、それで歯がきれいになるだけでなく白さも保てる。

そうした考え方にはもうひとつ別の目的があった。15世紀においては、そちらのほうがはるかに大事だった。ポルトガルの医師ガブリエレ・フォンセカは、粗い布地で歯をこすってから、香りのよいスパイスをたっぷり塗るようアドバイスしている。これは、病気を引き起こす口腔《こうくう》内の悪い空気を抑えるためだった。が、その結果としてそれよりずっと重要なことに、口臭を抑えてくれた。

残念なことに、スパイスはあなたが買うには高価すぎる。

残念なことに、旅の仲間も同じだ。

あなた

中世のキリスト教徒のあいだでは、入浴しないのは聖人の特権だった。体臭は、天の美徳に目を向けるために肉体的な欲望を超越した力（たとえば、臭くないなど）の証だった。けれども、あなたは聖人ではない。あえていうなら、同行の仲間たちはホッとしていることだろう。

中世ヨーロッパのキリスト教徒のほとんどもまた聖人ではなかったので、中世後期になると、古代ローマの伝統だった公衆浴場が復活した。一方、イスラム教の世界にはわざわざ復活させなくても浴場があった。イスラム教の戒律に清潔を保つことが織り込まれているため、多くのイスラム教徒にとっては、新しい浴場の建設や既存の浴場の支援が、寄付の対象だったからだ。

浴場がどの程度まで宗教施設と考えられていたのかはよくわからない。イベリア半島では、キリスト教徒がイスラム教の戒律に合わせた浴場を所有していたし、ユダヤの律法学者はひっきりなしに、キリスト教徒やイスラム教徒と同じ浴場を使っているとユダヤ教徒を叱責していた。喜劇詩では、風呂に入ると汚くなって出てくると、おもしろおかしく表現されている——うわさ話で、という比喩的な意味と同時に、ほかの人の汗やあかでという意味もあった。アラビアの紀行作家は、遠く離れた街のエキゾチックで風変わりな風呂を実際に訪問したり、空想したりしていた。プロパガンダではまったくなく、娯楽としてだ。バグダードにはモロッコ式の浴場があってタオルが3枚もらえるが、腰に巻くためではないと、そうした作家のひとりは書いている。

清める話に戻ろう。風呂は身を清める場所、象徴としても実際にも、汚れと悪臭を落とす場所だった。もっともほとんどの人にとっては精神より肉体のほうが問題だっただろう。一方、12世紀の修道院長で預言者だったビンゲンのヒルデガルトは、天然温泉は地下にある煉獄《れんごく》の火で温められており、入浴する人の体だけでなく魂も清めると述べている。

ただし、もしかすると男も女も行ける浴場は例外かもしれない。男湯と女湯に分かれていない場合だ。

それについては……16世紀になると、西ヨーロッパの浴場を閉鎖するよう行政にかなりの圧力がかけられた。それが梅毒の流行時期だったとだけ述べておこう。

いちばん重要なこと

アラビア（と、ほか全部）の紀行作家が地元と旅先のちがいについて大げさに表現したり、空想したりしていたことはすでに述べた。うさん臭いとはいえ、彼らに異国の風変わりなものを想像する才能があったことは否めない。たとえば、9世紀の商人アブ・ザイード・アル＝シラフィ（実在した人物だが、彼が記した内容のほとんどはほかの作者から拝借したもの）がそうだった。ペルシアと中国のちがいは、と彼はいう。「中国人は非衛生的である。排便後に尻を洗わず、紙でふくだけだ」

トイレットペーパーだ。アブ・ザイードはトイレットペーパーの話をしている。

つまり、そういうわけだ。あなたは洗濯をしなければならず、おそらくほとんどの場合は口臭を消すことはあきらめて、機会があるたびに浴場へいったほうがいいだろう。でも、いちばん重要な決断は、水か紙か、である。

なぜって、つまるところ、あなたのお尻を清潔にしなければ、ほかの人をきれいにしたところで意味がないからだ。

盗賊に襲われたら

１４９３年の夏の盛り、グロヴァティ兄弟は恨みを抱いていた。見せしめに、彼らはひとつの街全体を人質にとった。中世の盗賊をなめてはいけない。

そして彼らはあなたにちょっかいを出したくてしかたがないと見える。

かたや、裕福なスロヴァキアの街バルデヨフの対策も万全だった。なにしろ当時は新手の盗賊がつねに街、村、路上、城の周辺をうろついており、ポーランドとハンガリーの国境付近は無政府状態だったため、各地の街は自分たちで防衛しなければならないことがほとんどだったのだ。そしてこの街はまさに成功例だった。１４９３年の夏、バルデヨフの街はグロヴァティ一味のうちの４人を捕らえ、ただちに拷問した。すぐにひとりが斬首刑、残りの３人が絞首刑になった。

フェドル・グロヴァティはおもしろくなかった。なにしろ処刑されたひとりが自分の兄弟だったのだ。そこで、盗賊はバルデヨフの街全体を人質に取った。「金貨４００枚を持ってこい」と彼らは脅した。「さもなくば、街を焼き払い、人々に剣を突き刺す。貴様らとほかの６つの街もろともだ。今からいうふたつの修道院のうちのひとつに金を置いて立ち去れ」

だが、バルデヨフの街はモギラにもライヒナにも、その意味ではほかのいかなる修道院にも、フロリン金貨400枚を置かなかった。じつは、街の指導者たちは支払いを人々に押しつけたのである。腹を立てた地元の貴族たちは民警団を雇って、グロヴァティ一味をポーランドへ追い払った。そこでは、もっと腹を立てたコシチェの貴族たちが一個中隊の傭兵《ようへい》を雇って、その伝説の盗賊一味を抹殺した。

中世の盗賊行為がいつもこれほどドラマティックだったわけではないが、ロマンティックだったことは一度もない。犠牲になるあなただけでなく、森の「気高い」盗っ人たちにとってもだ。人々は撚《よ》り糸、衣服、塩漬けの魚（プロテインバーの中世版）などを盗んで捕らえられた。たいした値段で売られているわけではない糸や長い冬のあいだの食べ物を手に入れるために絞首刑を覚悟する人々にとって、そうした品々はまったく取るに足らないものではない。また、盗まれる側にとってもささいなものではなかった。容易に殺人に発展してしまう強盗でさえ、比喩的にも実際にもあとがない人々につねにつきまとうリスクだった。

あなたはおそらく、うろうろしている盗賊に襲撃されることがあたりまえというほどでもない広い場所を横断することになる。だが、そこで強盗に襲われたとしてもなんら不思議ではない（あなたは勇者だ。必ず襲われる）。近東では実質的に、シナイ半島を横切る道がエルサレムへ向かう裕福な巡礼者を狩る場所になっていた。ヨーロッパ各地の停戦によって突如として解雇された兵士が多かれ少なかれ盗賊に転じたと考えていい。1434年、ブルゴーニュの農民6人からなるグループは「相手が盗賊だったかもしれない」という理由だけで、ふたりの元兵士を殺害して金品を奪った――だれが見ても十分妥当な動機だった。ユダヤ教のラビたちは盗品を買い戻すことのモラルについて討論していた。1474年のポーランドでは、ある司祭が、自分が買ったばかりの聖歌集と聖餐杯が別の教会で盗まれたものだったと知って、立ち直れないほどのショックを受けた。

一方、グロヴァティ一味が無関係にもかかわらず、盗賊行為がドラマティックだったこともある。たとえば、窃盗団をつかまえなければならないはずの傭兵数百人とて、報酬として得た金を使い切ってしまえば、またなんらかの形で稼がなければならない。もしくは「14世紀初期のイングランド」を見ればわかる。本当だ。バルデヨフのブラックメールに協力したとかしないとかいうふたつの修道院など、たいしたことはない。14世紀初期のイングランドでは、司祭でたまにオックスフォード大学の教授も兼ねていた(本当に)ロバート・バーナードが、教区の金を使い込んで追い出された……あげく、仕返しするために有名な無法者一味と手を組んだ。1328年、ひと握りの盗賊がバーナードの元教会になだれ込み、そこにいた聖職者を痛めつけて、寄付されたばかりの金を盗んだ。そのあいだにも、バーナードはすでに次の教区で、司祭という意味でも寄付金を懐に入れるという意味でも、せっせと仕事にいそしんでいた。

14世紀初期のイングランドには、1320年にロンドンのアクトン周辺で強盗と暴行を働いて告発された、チェシャーのバディントンならびにブルームホールのサー（そう、爵位がある）・ウィリアム・チェトゥルトンがいた。彼は罪を償うために1321～25年の反乱軍との戦争で国王エドワード2世の軍に仕えたが、戦いのさなかに敵の土地を略奪して自分と国王にかなりの利益をもたらした。1327年の春、彼は国王の軍隊を離れる前のなんらかの行動が認められて恩赦を与えられたが、その後すぐ6件の殺人罪でとがめられることになった。記録からは彼の動きはよくわからないが、彼はつかまらず、その後、逃亡中の無法者と宣告された。1332年の春、ともかく彼は出頭した。おそらく自分の無法者という地位を取り消してもらえば、夏までにはまた罪も許されると考えたのだろう。このときは、ほかの強盗を見つけ出して捕らえる仕事を命じられた。任務に就いてまるまる2か月経ったころ、彼はまた強盗とレイプで告発された。なんといっても、やはり彼はサー・ウィリアム・チェトゥルトンである。

あるいは、サー・ロバート・イングラムの話のほうがいいかもしれない。彼は強盗犯、偽造犯、正真正銘の殺人犯を含む盗賊一味と手を組んだ――が、それでも国会で街と地方を代表していた。なぜなら、彼はノッティンガム市長で、ノッティンガムシャーの知事だったからだ。ラッキーなことに、あなたはお遊びで強盗を働く貴族や、街道にいる切羽詰まった窃盗団をにつねに警戒する必要はないだろう。だが残念なことに、あなたは新たな一歩を踏み出すたびに、紛争地域に入ってしまったかもしれないと用心する必要がある。

「強盗と土地の破壊」は中世に共通する戦術だった。敵の領土を荒らして兵の食料を断つという狡猾《こうかつ》で残虐な方法である。そうすれば兵たちはみな敵の農民から食べ物を盗まざるをえなくなる（自国の君主は金を払ってくれない）。この戦術はまた、中世ヨーロッパで指折りの王国――フランス、イングランド、ドイツともいわれている――が土地を征服して権力を集中させるときによく使う方法でもあった。税関も国境警備も持たない領主たちは、小さな城のネットワークを作って、征服した相手に目を光らせるだけでなく、ほかの領主を遠ざけるために定期的に襲撃隊を送り出していた。

それから、街が潔白だとは思わないほうがいい。バルデヨフの議会には近隣の街から、盗まれた馬を返してほしいという要望がいくつも届いていた。１４５６年、バルデヨフの街は、貴族ふたりと中産階級の市民ふたりを捕らえて、解放する代わりに金銭を要求した。１４７９年には、ハンガリー国王みずからがバルデヨフの民兵組織の犯罪に対して賠償金を請求している。いうなれば、バルデヨフはやや手際がよすぎたらしい。

要するに盗賊を避けようと思ったら、道路、森、砂漠、街、王国をみな避けなければならなくなる。防具があってよかった。

呪われた沼を渡る

よい点は明らかだ。呪われた沼を渡る方法を学ぶにあたって特別なレッスンは必要ない。すでに必要なものはそろっている。穴のあいていないひざまで届く長靴、つばの広い巡礼者の帽子、そして悪魔祓《あくまばら》いの祈禱師《きとうし》だ。あとは自分が直面している問題について理解できればいい。よくない点は、呪われた沼を渡る方法を学ぶにあたって、本当は、呪われた沼を注意深く観察する必要はないことだ。そう、見なくていいなら見ないほうが……。ようこそ、中世後期のトイレの世界へ。

公衆トイレ

本当にあったのだ。公衆トイレ。いくつかは名前までついていた！

１４７０年代のイングランド、エクセターなら「妖精の家《ピクシー・ハウス》」だ。「ロングハウス」と名づけたロンドン市民より皮肉のセンスがいい。一方、１２８に仕切られたロングハウスを持つロンドン市民には、トイレの建物という意味で軍配が上がる。ロンドン市民は、街の各地に配置されていたお気に入りの公衆トイレを選ぶこともできた。ロンドンはトイレにこだわりがあった。都会の公衆トイレを使うという体験が、家の裏庭にある屋外トイレを使うのとほぼ同じだとわかるとおそらくショックだろう。木あるいは石でできた長椅子に開けられた穴から用を足すのである。用を足したあとの処理は自分で持ち込むボロ布だ。現代の水洗に相当するものは、便座とその下にある溝あるいは汚物溜めとの距離だけである。メリットはといえば、生理用品も流したい放題という点だろう。

人々には公衆トイレを使う十分すぎる理由があった。仲間からの同調圧力さえあった。「道端で用を足す」とばかにされ、貧乏人がすること（……金持ちによれば）だといわれた。一方、トイレの維持については、もう少し住民全体の努力が必要だった。結局のところ、維持するための金を寄付すると自分の遺言に入れるのはすばらしいことだと、金持ちを納得させるのがベストな方法だった。

個人専用トイレ

専用トイレの利点は、トイレ塔の屋根から汚物溜めの底までくらい幅広い。まず、自分以外の利用者に我慢しなくていい。それに冬の寒さやスコットランドの天気（悪いことで有名）に耐える必要もないし、夜間の公衆トイレの行き帰りに強盗に襲われなくてすむ。専用トイレは、家の裏庭に屋外トイレを建てる余裕がある人だけにほぼかぎられていた。とはいえ、その所有者（と、バケツにたまった尿をかけられずにすむ通りすがりの人々）にとって、家庭用トイレはすばらしいものだった。たいていは。

トイレを所有する、あるいはレンタルするときに避けて通れない問題は、その下の汚物溜めである。避けて通れない代償はにおいだ。避けて通れない真実は、汚物溜めは汚物を撤去する問題を解決してはくれず、先延ばしにしているだけだということである。

よくある解決方法は、公衆トイレの例にならってプロの汲み取り屋を雇うことだ。15世紀のニュルンベルクでは税金で市が雇っていた。彼らにはその仕事に伴う危険と社会的な不名誉を補うくらいに十分な報酬が支払われた。なにより、きちんと仕事をしてもらうことが重要だからだ。

ここで学ぶべきことはなにか？　汚物処理の呪いを解くには、税金を払うのがもっとも手っ取り早いということだろう。

あなたが幸運にも小さな流れやそれこそ下水の上に自分のトイレを設置できれば、汚物処理が簡単な分、においもましかもしれない。それでも、やはり近隣にも住人がいる。下流のだれかがたくさんのものを流して詰まらせたために、あなたのトイレが不意に噴水になる可能性は大いにある。

とはいえ、いやな隣人はいやな隣人であって、呪いではない。最後にひと言。都市や個人の寄付と同じように、あなたも金を投じてトイレの手入れを怠らないようにしたほうがいい。リチャード・ド・レイカーがその理由を教えてくれる。1326年8月10日、彼が無防備に自分のトイレに腰かけていたとき、腐った板がとうとう彼の重みに耐えきれなくなった。リチャードは汚物のなかへドボンと落ちた。

さて、そろそろ本題に入ろう。呪いについてだが……

おまる

リチャードは否定するかもしれないが、厳密には、彼の例は本物の呪いではなく、彼がずぼらだっただけである。そこで「沼」の話をしよう。

公衆トイレは天気、不便さ、そしてたくさんの人々が使うことに我慢しなければならない。ゆえに、専用トイレだ。専用トイレには金がかかる。ゆえに、おまるだ。おまるといえば、中身を空にしなければならない。ゆえに、窓である。

巡礼者として旅をするなら、絶対につばの広い帽子を持っていこう。

下水道

さて、中世のエンジニアは水力学を活用した設計にすぐれていた。イエメン、エジプト、ドイツ、スペインそれぞれの気候に合わせた「灌漑システム」も完成した。イングランドのサウサンプトンで１４２０年から使われている配管網が１８００年になってもまだ都市に水を供給していても、すぐに対処された。給水設備についてそれほどまでの技術があるなら、汚水の除去に力を注いでもよさそうなものだ。実際、取り組みは行われていた。ただし、中世なりに手を尽くしたとだけ述べておこう。

きちんとした下水の技術はたしかにあり、使われてもいた。イングランドだけを見ても、ヨークのある修道院は地下に石張りの下水道を作って近くの川へと流していた。１３００年までには、ウェストミンスター宮殿が複数の地下下水道を完成させていた。けれども、公衆トイレのネットワークを誇るロンドンはというと、じつはあまり進んでいなかった。

もちろん、ロンドンには公共下水道を作らない理由があった。街が所有する下水道だけではすべての人のための公共下水道の役目は果たせなかった――膨大な人口に対処できるほど大きくて流れの速い下水道を作る方法がなかった――のである。それでもやはり、人々は街が所有する下水道をみんなの下水道として使い、その結果、予想どおり――ここでようやく出てくる――泥沼に陥った。

だが、まだ打つ手はある。泥沼を文字どおりの「沼」にしてはならない。中世後期、街は道路に沿って排水路を作っていた。また、もっとも恵まれたトイレの下の「自然な」「小川」の流れを変えて、建物のあいだをぬうように配置し、近くの川や湖に流れ込むようにしていた。しかしここでも街は難問に突き当たった。下水路の上から石でふたをして、開放下水路が裏庭や建物の下を流れないようにするか？　それともふたをせずに、雨、雪解け水、川の洪水、それから少なくとも一部のおまるの中身も流せるようにするか？

努力は認めよう、中世よ。たしかに手を尽くした。「沼」という言葉を完全に比喩的な世界だけに抑えることができた。かろうじて、だが成し遂げた。そして「呪い」は比喩として確立した。呪われた沼の一部始終を学ぶとは、そういうことである。

幽霊

5世紀ローマの助祭だったパスカシウスは善人として知られていた。だが不幸にも498年の教皇選挙で誤った候補を支持したうえに、自分の立場について神の赦《ゆる》しを請わなかった。よって、イタリア、カプアの浴場に行けば今でも、自分だけの煉獄から抜け出せなくなった彼の幽霊がタオルを差し出す姿に出会えるかもしれない。

カプアはやめて、もっと南のタウレアナに行けば、浴場やトイレの建物から助祭の幽霊がひょいと顔を出す心配はない。そこにいるのは複数の世話係だけで、まるで永遠にそこで働いているかのように振る舞っている。だが、あるときあなたが世話係のすばらしいサービスへのお礼に貴重な宗教的遺物を持っていくと、そのうちのひとりがいらないという。遺物には、神の加護のもとで生きている人間だけしか触れることができないからだ、と彼は説明する。そして自分は神の加護を受けておらず、生きてもいないのだと。

ときには、祈りの言葉でさえあなたを守れないことがある。あるときあまりにも神の力に感銘を受けたひとりの若いフランチェスコ修道会の修道士が、トイレに行くときにも祈り、神をたたえていた。だが、壁を背にして腰をおろすと、どこからともなく悪魔が現れた。「ここではおまえの祈りは届かない」と悪魔はいった。「不浄はわれの支配下にある」

まとめ――沼は比喩、呪いは事実。

魔法の森に慣れ親しむ

湖の乙女が呪文を唱えて魔法使いマーリンを永久に閉じ込めたとき、彼女は木の下に座っていたという説がある。あるいは、マーリンを永久に閉じ込める呪文のために木を利用したともいわれている。あるいは、即座にマーリンを木に閉じ込めたとも。アーサー王伝説のどのバージョンを見ても、たとえ世界一有名な魔法使いでも魔法の森に入ってはいけないとわかる。

この伝説はあなたにとって大問題だ。今、太陽の下で、スルタンとともに彼のお気に入りの別邸の庭を散歩しているあなたは、美しいヤシの木の森に足を踏み入れる。

ただし、それらの木々は金、銀、銅でできており、果実は宝石だ。ヤシの葉は本物だが、枝からは葉だけでなく水しぶきがほとばしっている。木々にとまる鳥たちも金銀で、太陽の下で輝いている。その模造の鳥たちは模造のくちばしを開いて、模造としか思えない声でさえずり、くちばしを閉じる。別の輝く金属の鳥たちはきらきらしている宝石の果実の同じ部分を繰り返しつつき続けている。何度も。

ロボットだ。あなたはロボットの森にいるといっても過言ではない。

中世がレベルアップした。あなたはこの魔法の森に慣れ親しむ新たなスキルを身につけなければならない。

作戦その1——感動する

森の奥深くへと進めば進むほど、魔法の気配が色濃くなる。森のはずれでは、キリンやゾウが木立や少し開けた場所からあなたをちらちら見ている。ライオンでさえあなたに近づこうとはしない。何百本ものヤシの木からはみずみずしくておいしいナツメヤシの実や熟れたオレンジがいくらでも採れ、ヤシの葉から垂れ下がっている黄金が太陽光をきらきらと反射している。けれども、なおも奥へ進むと、木々が金銀の枝を伸ばし、ありもしないそよ風に葉がゆらめいている。大気を満たしているのはそよ風ではなく、そうした枝にとまる金銀の鳥のさえずりだ。

やがて、あなたは森の中心、グランドフィナーレへとたどり着く。あなたの目の前で、地面から突然、すでに立派に成長した木が姿を現し、枝から枝へと輝く金属の鳥たちが飛び移る。静かな水溜りまでもが魔法をかけられたかのように甘いバラやジャコウの香りを放っている。なので、にっこり笑おう。あなたは……アッバース朝のカリフ、ムクタディルの玉座の間《ま》に立っている。

あなた――というより、外部から宮殿を訪れる人すべて――が見た動物たちは本物で、あなたがおいしく食べたフルーツも本物だ。金の鳥、銀の木、かぐわしい泉、そよぐ葉はからくりである。

いかなるときも、それらに命を与えた人間の力を忘るるなかれ。歯車がぎしぎし音を立てるたびに、水や空気がシュッと音を立てるたびに、それらはカリフに富と権力があり、彼が世界の仕組みを操れることをライバルに思い知らせているのだ。

たしかにそのとおりだった。ビザンツ帝国の提督でのちに皇帝になったロマノス1世レカペノスは、917年と918年にムクタディルの宮殿へ外交使節団を率いたとき、まさしくその宮廷の楽園を目にした。見ただけではない。ほかの人間にも見せたがった。訪問時、ロマノスはすでにコンスタンティノープルでひそかにクーデターの計画を進めていた（コンスタンティノープルのだれもがやるように）。そして、故国に戻った彼は実際に権力を握った。くわえてどういうわけか、なおも、ムクタディルの宮殿について書くだけの時間的余裕があった。それこそ魔法の森の奇跡である。

作戦その2――改良する

強大なビザンツ帝国は何人《なんぴと》にも出し抜かれてはならない。玉座の間に命を与えるだけではなまぬるい。玉座そのものに命を吹き込むのだ。

ロマノスはやがて、自分が追放した皇帝の手で玉座から引きずり下ろされて、追放された（コンスタンティノープルの全盛期）。けれども、クーデターを起こした919年からクーデターの標的にされた944年のあいだに、彼はムクタディルの宮殿で見たものを再現するばかりか、それをしのぐものを作ることのできる技術者を探し出した。ロマノスのいわゆる「退陣」からまもなくして、コンスタンティノープルはイタリアからの大使を迎え入れた。皇帝の玉座の間で人々を出迎えた木々は青銅で、枝ではちゃんと青銅の鳥がさえずっていた。（もちろん）地面から生えているのではない。くわえて、玉座そのものの両脇には金と青銅のライオンが配置されていた。ライオンは吠えるたびに口を開け、尻尾を床にたたきつける。玉座のてっぺんにはさえずる鳥たちが飾られていた。そして玉座そのものが動いたのである。

国外からの訪問者は最初は皇帝とほぼ同じ目の高さにいる。むろん皇帝の優位を示すために皇帝の椅子の高さが若干上げられている。が、大使が敬意を表するためにひざまずき、顔を床につけるという当時の慣例だったあいさつをすませて立ち上がると、皇帝がまるで飛んでいるかのように、自分の頭より上に座っていた！

ああ、それから訪問者がまちがいなく感心して恐れ入るように、大使が立ち去ろうとすると、ライオンが一度立ち上がってからかがむ。鳥たちはさえずりをやめ、まるでオーケストラが演奏しているかのような音楽が突如としてあたりに響きわたる。
　やはり、ロボットだ。中世に。

作戦その3――宣伝する

　大使がやってきて感心するまで座って待つ必要はない。中世のイスラムの支配者たちはほとんど習慣であるかのように、からくり人形《オートマタ》といえば詩人の夢にかぎられていた西ヨーロッパの支配者たちのもとへ、命を吹き込まれた木や金属を贈っていた。807年、西方ラテン世界が同様の技術を生み出すよりほぼ500年も前に、アッバース朝のカリフは神聖ローマ帝国の皇帝に水時計を贈っている。いや、正確には、水時計の鳩時計だ。毎正時、時刻と同数の青銅の玉が水盤にあたってカランと鳴る音で時を告げ、同じ数の馬にまたがった小さな人形が静かに姿を表し、姿を消す。見せびらかし以外のなにものでもない。

　1232年まで時を進めよう。その年、アイユーブ朝のひとりのスルタンが神聖ローマ帝国の皇帝フリードリヒ2世に、水などという原始的な地球上の物質などには目もくれないような時計を贈った。それには特殊なテントが必要だった。あまりぜいたくなものには見えない？だが、人々はそれを――本当に――プラネタリウムと呼んでいた。そこには、宇宙全体が収められていたのだ。日中の正時は太陽の模型が描く円で示され、夜間は同じ軌道を描く月で示されていた。

フリードリヒはお礼に白クマとクジャクを贈った。

作戦その4――維持する

外交的なギフトの交換から半世紀後、西ヨーロッパはようやく自前のからくり人形を作れるくらい賢くなった。１３０２年、アルトワならびにブルゴーニュ女伯マティルドは、自然と機械化された不思議な世界が継ぎ目なく溶け合った豪華な庭園を相続した。生きている鳥たちのあいだに機械の鳥たちが混ざっていた。小川が庭園内をゆったりと流れ、いくつもの噴水を動かしていた。人々は毛皮に覆われたサルが動く橋を渡ることができた。あるいは、太陽の光が降り注ぐ建物で、すばらしい光景に囲まれながら食事をすることも。けれども、マティルドが相続したころには、それらが少しずつ崩壊し始めていた。

マティルドは人や物を集めた。なにより、彼女には資金があった。庭園を相続してから2年も経たないうちに、サルの毛皮はまた新品同様になった。調子が悪くなっていた噴水はふたたび水しぶきをあげるようになった。１３１４年までに、機械の鳥たちは新品の分厚い本物の黄金でぴかぴかになった。人工的な音と自然の音が満ちあふれた。

むろん、からくり人形が政治的な扇動や態度の表明だった可能性はある。それでも、マティルドがその庭園のある宮殿で過ごす時間はしだいに長くなった。彼女は不思議な世界に驚嘆すると同時に、みずからの好みに合わせて改造した。

たとえば、サルを修理させるときに悪魔のようなツノをつけさせるなど。一方、好みといえば……。

NGな作戦

たとえあなたが魔法の庭に感動せず、改良もせず、宣伝する気もなく、維持するつもりもなくても、次のことはやってはいけない。

オスマン帝国は1453年にビザンツ帝国を滅ぼし、1529年にウィーンを包囲した。そして……止まった。その代わり、といってはなんだが、神聖ローマ帝国（以下、「ドイツ人」）はオスマン帝国（以下、「オスマン人」）にそのまま進軍をあきらめてもらうために賄賂（以下、「貢ぎ物」）を贈らなければならないことになった。かくして毎年、ドイツ人は貢ぎ物の一部をからくり人形で送った。オスマン人はそれをばらばらに分解して溶かし、貴重な金属を得るのがつねだった。

数年後、ドイツ人はからくり人形にくわえて、人形がちゃんと動くように、時計の修理人もコンスタンティノープルに送り込むようになった。機械の装置は必ず、完璧に動く状態で届いた。そしてオスマン人は同じく必ず、それらを溶かしていた。まさにドイツ人が予想したとおりに。オスマン人は、人間が作ったからくり人形は神だけが持つ力を侵害していると信じていた。人形の存在自体が神への冒瀆《ぼうとく》だったのだ。

そう、ドイツ人は不満を直接表明することなく、貢ぎ物としてからくり人形を送りつけることで相手を攻撃していたのだ。そして、オスマン人はそれを破壊し続けたのである。魔法、不思議、驚異？　両者のあいだにこれっぽっちもそんなものはなかった。前近代のロボットとその破壊はもっとも嫌味な外交兵器だったのである。

厳密にいえば、からくり人形は大砲の玉や銃弾が交わされるのを防いだ。ただし、両者のあいだにとても深い因縁を残した。あなたが悩む前にいっておくが、前近代の冷戦を始めることは、魔法の森に慣れ親しむためのよい方法とはいえない。

不毛の荒れ地を抜ける

ブルゴーニュ公フィリップ（１３９６～１４６７年）が、百年戦争のあいだにさまざまな同盟国を裏切ってもなお「善良公」と呼ばれていたこと以上に愛していたものがあるとすれば、それは十字軍だった。表向きの十字軍は彼の時代より何世紀も前に終わっていたが、フィリップは夢を追う男だった。十字軍を盲目的に崇拝していた。いつか自分の十字軍を率いたいと思っていた。自分の十字軍の誓いに名前までつけていた――キジの誓いである。

そこでフィリップは、「情報収集任務」にあたる偵察者をエルサレムへ送ろうと、世界一のスパイ、ベルトランドン・ド・ラ・ブロキエールを選んだ。ゆえに、ベルトランドンはあなたが不毛の荒れ地を抜けるときのガイドにうってつけだろう。そして、たくましく、賢く、事情通の荒れ地の住民たちがなぜかあなたの助けをまだ必要としている場合に、勝利をつかむためにも。

ベルトランドン（１４５９年没）は、近東に行く方法はひとつしかないと知っていた。地中海に続いて不毛なシナイ砂漠を通るルートである。彼はまた、帰り道はふたつあることも知っていた。ひとつ目は地中海を渡るルートで、ふたつ目はシリアを抜け、広大なアナトリアの内陸を通り、バルカン半島を横切るルートだ。ベルトランドンは、陸路は1000回通ったら1000回死ぬと何度も耳にしていた。けれども彼は1001回目に挑んで生還しようと決めた。

ブルゴーニュに戻った彼は、自分の旅について余すところなく記し、いくつもの写本を作らせた。なので、若き勇者よ、彼の『海外旅行記 *Le voyage d'outremer*』の古写本を手に取って、不毛の荒れ地で砂漠と砂嵐を静める秘訣《ひけつ》を学ぼう。

1　金を持っていく

砂漠を越えるなら、まずはラクダを買うか借りるかする。そうすれば、旅がずっと快適になる。次は、ガイドを雇う。キャラバン隊を組んで進めば、盗賊から身を守れるし、道にも迷わない。それから、ラクダを見てため息をつく。なぜなら、ガイドからもロバを買うか借りるかしなければならないからだ。そうしないと同行してもらえない。

賢いベルトランドンは、ガザの統治者に願い出ることで、そうならずにすんだ。もちろん統治者はベルトランドンが有利になるように取り計らってくれた。だが、それが余計な出費になった。そこでベルトランドンは不足分を補うべく、イスラム教徒にワインを売りつけた。イスラム教徒はほかのイスラム教徒から酒を買ってはいけないため、ベルトランドンのようにワインを売る旅行者は少なくない。ところが、最初のキャラバンのリーダーがベルトランドンを捕らえさせ、監獄へ送り込もうとした。そのときベルトランドンを救ったのは本人の策だけでなくキリスト教徒の奴隷商人でもあった。

学ぶべきことはなにか？　奴隷商人なんぞが不毛の荒れ地のヒーローになることを避けるためにも、十分な金を持っていこう。

2　金を隠す

情報収集任務のあいだずっと、ベルトランドンは用心深く金を衣服の内側に入れるか、衣服に縫いつけて保管していた（中世のニュルンベルク周辺、あるいはおそらくほかの都市でも、15〜16世紀の強盗の犠牲者が身ぐるみはがされたのはそのためだ）。シリア、ダマスカス郊外のセルデナイ修道院ではまさにそれが役に立った。彼は、汗のように体からオイルをにじませるといわれる聖母マリアの絵を見るために教会に入った。すると、どこからともなく女がやってきて、聖母から出たオイルとおぼしきもの（ベルトランドンがそう思ってくれることを期待して）を彼の体に塗ろうとした。ベルトランドンはその手を振り払って、スリを働く、あるいは塗油のための「寄付」を請う機会を女に与えなかった。

自分の金を不毛なことに使ってはいけない。

3 変装する

ベルトランドンの現地の友人（おそらくたっぷり報酬をもらったガイド）が彼に衣服一式を渡したとき、ベルトランドンはためらうことなくそれを身につけた。たとえば、ダマスカスからトルコのブルサまではもっとも危険な旅だった。ベルトランドンは一時的にメッカへ向かうキャラバンに同行した……キリスト教徒だと知られれば命を落としかねない。ガイドは、暗い色のズボンの上から白くて長い上着を羽織らせ、ターバンを巻いて、リネンの帯を結び、みごとにベルトランドンを変装させた――奴隷の装束である。そうすれば見つかりにくい。

ベルトランドンがときどき服装を変えたとなると、ふたつの大きな疑問がわく。いったい何着の服を持ち歩けばいいのだろう？　そして不毛の荒れ地のまんなかでどうやって洗濯すればいいのだろう？　どういうわけか、ベルトランドンの古写本はいずれの問いにも答えていない。

4 要塞を調べる

「不毛の荒れ地」の「不毛」という言葉は必ずしも文字どおりの意味ではないため、あなたは、人がいるいないにかかわらず、要塞に関するベルトランドンの注意深い観察と説明を頼りにすべきだろう。たとえば、戦略的に重要な位置にあるダマスカスの街を守っているのは、丘の中腹にある、堀で囲まれた小さな城だ。

街そのものには、何世紀も前に建てられた石造りのフンドゥクがある。そこはかつて、ベルトクという名の裕福な地元の名士の邸宅だった。非凡なモンゴルの支配者ティムールが1400年にダマスカスを征服したとき、彼は完璧なまでに街全体を破壊した。が、例外はそのフンドゥクで、ティムールは、火をかけられたり略奪されたりしないよう衛兵を置きさえした。ダマスカスの人々は、ティムールがその建物を残した理由については語らなかったようだが、ひょっとすると美しさと関係があったのかもしれない。ベルトランドンは、あやめの花のようなフルール・ド・リスの装飾が外壁の石に刻まれていることに、特に関心を抱いている。

ベルトランドンの情報収集任務の優先順位が少し……おかしい？　自分の旅でもメモをとってみればいい。もしかすると彼の『海外旅行記』の目的についていくらかわかってくるかもしれない。

5　異境の武器をマスターする

西ヨーロッパの戦争に火薬を使う大砲が徐々に浸透するにつれて、より性能の高い銃や大砲を手に入れるための競争が起きた。優秀なスパイであるベルトランドンはトルコの戦争技術をしっかり学んだだけでなく、自分の雇用主がまったく同じものを作れるよう取り計らった。

ベルトランドンはベイルートで日没の宴《うたげ》を見た。人々が歌い、泣き叫ぶなか、打ち上げられた大砲が空に燃えさかる軌跡を残す。大砲には人を殺す、馬をおびえさせる（興味深い優先順位）などさまざまな利用法がありそうだと思った彼は、危険と金という代償を払ってでも作り方を学ぶ価値があると判断した。ベルトランドンは砲兵製造者のトップに賄賂を渡して大砲の材料と作り方を手に入れた。それから材料と、弾丸を作るために必要な木型を手に入れた。そして、著書で意気揚々と語られているように、それらをフランスへ持ち帰った。

著書で意気揚々と語られていないのは、ベイルートからダマスカスへ向かい、シリアを通り抜け、アナトリアを横切ってコンスタンティノープルへ、バルカン半島を越えてウィーンへ、さらにそこから神聖ローマ帝国を通ってフランス国王のもとへと、それらを運んだ方法である。実際、のちに作られた所持品と衣服の一覧には、木型はいっさい出てこない。

たしかに、武器のこととなると、ベルトランドンは兵器そのものより文学的な表現に興味があったように見える。そう、彼の優先順位は明らかに世界一のスパイのそれではない。だが、不信感を持っていたら、勇者のクエストなど達成できない。

6 話を盛り上げる

修道院に泊まるというふつうの金銭的なリスクと、シナイ半島のまんなかで修道院に泊まるという特別なリスクがあるにもかかわらず、勇敢なベルトランドンはシナイ山の聖カタリナ修道院を訪問しようと決めた。『海外旅行記』では、そこへたどり着くまでの退屈な2日間についてざっと語ったあと、不意に――どこからともなく――1メートルほどの大きさの動物が飛び出してくる。地元のガイドが悲鳴を上げた。大急ぎで逃げて岩の陰に隠れたのは、むしろトカゲのほうだった。が、ベルトランドンと、同行していたふたりのフランス人騎士アンドルー・ド・トゥロンジョンとピエール・ド・ヴォトレイは、乗っていたラクダ(?)から飛び降りて、剣を振りかざしながら走ってその生き物を追いかけた。高さは広げた手のひらくらいしかないが、長さがゆうに1メートルはあるその竜は、「犬に近寄られたネコのように」とてつもなく恐ろしい恐怖の叫び声を上げた。[7] 騎士たちは竜の背に剣を突き刺したが、まったく効果がない。そいつのうろこはまるで鎧のようだった!

それでもやがて、アンドルーが弱点を突くことに成功し、その動物を仰向けにひっくり返した。彼は力一杯剣を突き立て、とうとう砂漠のその恐ろしい生き物を倒した。

---

7 Bertrandon de la Brocquiere, *Le Voyage d'Outremer de Bertrandon de la Broquiè re*, ed. C. H. Schefer (E. Leroux, 1892), 22.

バトルが終わってようやく、ベルトランドンは気づく。じつは自分たちはまったく危険にさらされていなかった。たんにアラビア人がこわがって、ヨーロッパ人がこわがらなかっただけだったと。

このシーンには派手なアクション、緊張、勝利がある。おびえた動物を倒すことが、具体的な名を記された西のキリスト教徒の勇敢さと、東のイスラム教徒全般の臆病さを記すために使われている。

ベルトランドンの「スパイ・レポート」にはどうやら登場人物と筋書きがあるようだ。彼の本があなたの役に立つとは思えなくなくなってきただろうか?

7 名ばかりの女性を登場させる

あなたは思う。

「女性がいない」ことが問題だって、どういう意味なの? セルデナイの詐欺師は明らかに女だったじゃないか。

それでもだ。ベルトランドンがなにげなく——本全体のなかで初めて——同行者に女性がひとりいることを明らかにしたのは、もうすでにトルコ全土を横切ったかというころだった。ホヤルバラクの妻に父親が亡くなったと知らせが届き、彼女が涙に明け暮れたという。また、彼女をじっと見つめている男性の言葉によれば、彼女はとても美しいらしい。

それだけじゃ実物の女性というには不十分だって、どういう意味？　ベルトランドンはこの登場人物に豊かな内面まで与えているじゃないか。

それでも、この著者は、人里離れたアナトリアの山岳地帯には3万人かそこらの女性の部族があって、みな男のような格好をして男のように剣を振るい、戦とあらば男のように戦った、とあわてて指摘している。わかるだろう。不毛の荒れ地には女性がいただけではない。強い女性がいたのだ。

『海外旅行記』にはやはり筋書きがあるのかもしれない。

8　自分の世界観をひけらかす

……とはいえ、ときに、著者が本当に重要なものごとについて詩的になっているあいだは、筋書きさえも止まってしまう。「［アンティオキアの］ヤギはたいてい真っ白で、これまで見たことがないほど立派だ。シリアのヤギのように耳が垂れ下がっていない。毛は長くて柔らかく、カールしている。ここのヒツジには太くて幅広の尾がある。［人々は］野生のロバにも餌をやって手なずけている。それらは被毛、耳、頭、そしてふたつに割れたひづめを持つという点で雄鹿によく似ており(中略)大きく、立派で、ほかの動物ともうまくやっている」[8]

家畜に関する詳しい知識はまさに、不毛の荒れ地の旅で生き延びるために必要な情報だ。そうではないか？

さて、遅くなったが、『海外旅行記』に対してあなたが抱いていた疑念に答えよう。そう、ベルトランドンの本はスパイの報告書ではない。これはいわば『十字軍の黄昏《たそがれ》、第3巻――トルコの刃《やいば》』みたいなものである。

じつは、ベルトランドンが書き上げたものがファンタジーアドベンチャーになったのにはそれなりの理由があった。彼は当初、十字軍がフィリップ公にとっていつか実現したい夢だった1432年に旅に出て、できるかぎりの報告をした。だが、彼が『海外旅行記』を執筆したのは、十字軍がフィリップ公にとってもう達成不可能な空想《ファンタジー》になっていた1450年代である。公爵の十字軍の「キジの誓い」は、鳥になぞらえて誓うという古くからの伝統――何世代にもわたって、空想小説からフランスにおける初期のアーサー王とその騎士の伝説へと長く続いてきた文学の伝統――に基づいていた。1455年にフィリップが読者のための空想小説を求めたために、ベルトランドンは彼が望んだとおりのものを書き上げたのである。

8　7と同, 85–86.

けれども『海外旅行記』で、ベルトランドンはまちがいなく自分が世界一のスパイであることを証明している(あなたにとって最高のロールモデルであることはいうまでもなく)。シナイとアナトリアの不毛の荒れ地を横切る冒険で自分自身を主人公に仕立て上げることで、彼はひとりの人物だけに目を向けさせ、これが軍隊全体へのアドバイスであることを悟られないようにしているではないか。誇張された表現でさえ役に立つ。備えあれば憂いなしだ。

なので、あなたが不毛な荒れ地を通り抜けるなら、剣は置いて、『十字軍の黄昏、第4巻――ヤギの時代』の写本を取り上げよう。

道中の危険

ドラゴンが村を襲ったら

聖ゲオルギウスはドラゴンを退治した。これではつまらない。

聖ゲオルギウスは首に女性の衣類を巻きつけてドラゴンを静め、それから退治した。少しよくなった。

聖ゲオルギウスはドラゴンから乙女を救い出し、首に女性の衣類を巻きつけてドラゴンを静め、それから退治した。おお、それでこそ、いかにも中世だ。

中世のキリスト教徒の話によれば、聖ゲオルギウスはリビアの旅の途中で、悲しみに打ちひしがれた街に出くわした。1匹のドラゴンがあまりにも長いあいだ街をめちゃめちゃに破壊し続けたために、街はとんでもない取引をせざるをえなくなったという。街はドラゴンが欲するままに、子どもや若者をくじで選んで城壁の外に出さなければならない。全員の束の間の安全と引き換えに、その子を待ち受けるのは恐ろしい死だった。そしてあるとき、選ばれし者が国王の娘だった。

この国王は、同じように自分の娘を犠牲にしなければならなくなった伝説の古代イスラエル国王エフタの代役である。ドラゴンはサタンの代わりだ。それでもこの物語にもやはり、ドラゴンから村を守るために子どもを犠牲にするのは本当によくないという説得力のある教訓が含まれている（あなたの親が同じ考えでよかったとありがたく思おう）。中世版の物語では、村人たちは伝説ほど残忍にならず、建設的に困難に立ち向かった。自分の村などドラゴンの餌《えさ》になってしまえばよかったのにとあなたがいくら望んだところで、あなたはもう勇者だ。そして勇者は村を救うと決まっている。あなたは伝説の人物でも聖ゲオルギウスのような聖人でもないが、空に突然ドラゴンが現れたときの対処法を、伝説の村人たちからしっかり学ぶといい。

レッスン1——殺されないようにする

レッスン2——パニックにならない

『ベーオウルフ』を知っているだろうか？

その古英語の叙事詩には3頭のモンスターが出てくる。主人公ベーオウルフはそれらと戦って倒さなければならない。グレンデルという巨人モンスターは、ベーオウルフが滞在していたヘオロットの饗宴の大部屋《ミード・ホール》を襲った。なぜかというと、住処《すみか》を荒らされたグレンデルが人間たちに不満を抱いていたからだ——ベーオウルフのせいではない。ベーオウルフがグレンデルを退治すると、グレンデルの母親が襲ってきた——こちらは厳密にいえばベーオウルフのせいだが、グレンデルを倒したのは正当防衛だった。

『ベーオウルフ』の最初の2頭のモンスターと同じように、ドラゴンは自分の住処に何者かが侵入して大切なものを盗み出さないかぎり、人間には干渉せずに幸せに暮らしている。つまり、あなたが欲張りの盗っ人でないかぎり、ドラゴンはあなたの村を襲うことはない。

レッスン3——自分の身を守る

知っておくべきいちばん大事なことは、中世のドラゴンは炎ではなく毒で相手を殺すということである。一度に四方八方に致死性の煙をもくもくと吐き出すのだ。

悪くない。

たしかに、炎と戦うほうが対処法はわかりやすい。つまり、バケツの水である。けれども、単純だから簡単だということにはならない。とりわけ、バケツの水で炎を消すには、近所中、あるいは街中の人々が総出で水を汲んでかける必要があるからだ。しかしながら、臭い息を吐く爬虫類を相手にするとなると、準備を整えるにあたって同じような例を探さなければならない。ほかに、あたり一面にもくもくと煙を吐き出すものといえば？　そう、大気汚染だ。

どういうわけか石炭産業があまりおおっぴらに語らない事実がある。石炭産業は１２００年代にはすでに、とりわけイングランドで盛んになっていた。そして世紀の変わり目までにはすでに、ロンドン市民は大気汚染について苦情を述べていた。

石炭火力から出るスモッグとすすに対処するロンドンの創造性豊かな試みはといえば、人々に石炭を燃やすなと告げることだった。この作戦はまったく効果がなかった。あなたがドラゴンに向かってやめろといっても同じだろう。

そこで、中世の有毒スモッグの専門家を頼ってみてはどうだろう。それは鍛冶屋だ！ 1473年、ウルリヒ・エレンボークという名の医師が、絶対確実な4つの対処法を鍛冶屋に提案している。

1 布で口を覆う。
2 布の内側に香りのよいスパイスを入れる——中世ヨーロッパでは病気は「悪い空気」でうつると信じていた。つまり、病気に打ち勝つ最良の方法は「よい空気」である。
3 あなたは口から息を吸うため、舌の上にも有益なものをのせる。有益、つまりキャベツやエメラルドなど。
4 それでもダメなら、友よ、ニンニクとワインだ。ニンニクとワイン。

レッスン4——自分の傷を治す

あなたの手元にエメラルドはないかもしれない。それでもまだ選択肢はある。あなたが通るすべての街の薬屋にテリアカを仕入れさせるのだ。これはかなり微妙だが、いかなる爬虫類(ただしひとつだけ例外がある)の毒にも効く奇跡の粉薬だといわれる。ただし、いうまでもなく、テリアカにはシリアにしかいないヘビ(先に述べた例外)の皮、「ティルス」の粉が必要だ。よって、あなたが買えるようなテリアカはおそらく偽物だろう。

幸い、ヒルを使うような初歩的な治療法が主流だった中世にさえ、代替医療はあった。なので、荷物をまとめてイタリアへ行こう! 街の入り口に立っている——真っ黒なヘビが片腕に巻きつき毒蛇がもう一方に巻きつき、肩のあたりを黄金のヘビがうごめいている——男は見ればすぐそれとわかる。彼はパウロの信奉者「パウリアーニ」のひとりだ。使徒パウロはヘビにかまれても毒に冒されなかったといわれている。あなたもその免疫を共有できる、とその男はいう。聖パウロの恵みのつぼさえあればいい。そのつぼは彼から買える。いや、彼からしか買えない。テリアカのパワーすべてが、お手ごろ価格だ!

「聖パウロの恵み」は本当に効いたのか? まあ、絶対にあきらめない人間は2種類いる。勇者と詐欺師である。

ドラゴンを退治する

語源論の本を読めばドラゴンの倒し方を学べると思ったことは？

神学者で司教だったセビリャのイシドルス（560～636年ごろ）の『語源』に、ちゃんと書いてある。とある魔法使いがドラゴンの巣に忍び込み、地面に眠り薬をまいた。それから、ドラゴンが無抵抗なうちに頭を切り落とした。勝利の達成だ！

ただし……ここまでくれば、あなたはもうすでに資料そのものの出どころに目を向けるべきだと知っているはず。そう、イシドルスの本は、言葉の源という意味での語源論ではない。『語源』は世界のすべてのものを網羅する百科事典で、それぞれの名前から引き出された特徴が記されているといわれる（ほとんどはほかの著作から引き出されたものだが）。そして、ドラゴンの倒し方についてのイシドルスのアドバイスはドラゴンではなく、石と関係がある。

炎を象徴する宝石を吟味していたとき、イシドルスはドラコンタイトに出会った。それは、東方の王たちが誇る光り輝く宝石だった。ドラコンタイトはドラゴンの頭のなかでしか見つからないが、死んだドラゴンを切り裂いてもただの石しか出てこない。ということは、竜を倒すときの一撃で美しい宝石になるにちがいない。

どれだけ決定的だとしても、さすがのあなたも、ドラゴンの倒し方と、ありもしない石に関する言葉遊びとのあいだにあるかなり大きな溝を意識せずにはいられないだろう。

イシドルスがドラゴンの話にたどり着くころには、彼はむしろどうやってドラゴンがあなたを倒すかを心配していた（窒息させようとする尾に気をつけろ。大ヘビと同じだ。空飛ぶ大ヘビだ）。けれどもこの百科事典に記されているものごとはまったく無駄ではない。イシドルスが用いているありふれたドラゴン対ゾウの例からは、あなたは馬ではなくゾウにまたがって戦いに挑んだほうがいいとわかる。また、彼によれば、ドラゴンはインドやエチオピアといった熱帯地域にしかいない。となると若干問題があるかもしれない。エチオピアへ行った（あるいはそこで育った）ときに、あなたがその地で見た唯一のドラゴンはすでに、絵画のなかで聖ゲオルギウスに手際よく退治されているからだ。

一方、イシドルスにとって、エチオピアとインドは実在する場所ではなかった。それらは既知の世界の隅にあり、知られているものもいないものも含めて、不思議なものごとに満ちあふれた半分神話のような土地だったのだ。半分神話のような不思議なもの、つまりドラゴンのような。

いやいや。そんな地理は正しくない。ドラゴンは存在するはずだ。そうでなければ、どうして中世のあちこちにいたのだろう？　あなたはドラゴンが吐く煙をかいだことはない。けれども、見たことならいくらでもある。ドラゴンは、１０９６年のユダヤ人大虐殺のあとにひるむことなく再建されたケルンのシナゴーグのステンドグラス窓から、あなたを照らしていた。１２００年代にはトルコの街の入り口を通るあなたの指が、自分の尾に食らいついて丸くなっているドラゴンの像に触れた。１４００年代には、ドラゴンの像からヨーロッパの空を彩る花火が打ち上げられた。

それに、ドラゴンを倒した勇者の話もそこらじゅうにある！（ベーオウルフは実在した人物ではないのでカウントされないなどと心配する必要はない。物語のなかで、彼は死んだ。ともかく、ドラゴンは倒していない。そもそも、実際にドラゴンを倒したと知っているのは勇者だけだ。そして、その勇者が生きて帰ってこなければ倒したかどうかなどだれにもわからない）

そうだ、愛馬ラクシュの助けを借りてドラゴンを退治した偉大なるペルシアの英雄ロスタムの物語に自分を置いてみよう。みずからもクエストに旅立ったロスタムはある日、気持ちよく昼寝をしていた——ドラゴンの巣のすぐそばで。ラクシュは眠っている主人に向かって低くいななき、彼を前足で揺すった。ロスタムがようやく目を覚ますと、ドラゴンが怒って火を吐きながら近寄ってくるところだった。勇者の道具（あなたの道具）は鎧、剣、そして機転だ。ドラゴンの尾がロスタムに巻きつき始め、いよいよ動けなくなるという最後の瞬間に、ロスタムはドラゴンの背後に回り込んだ。そしてロスタムは、その邪悪な竜が死んで動かなくなるまで剣を突き刺し、斬りつけた。

中世初期のイングランドではドラゴン退治はもう少し簡単だった。医術の書を見るかぎり、竜を退治して9つに切り刻むのは神ウォーデン、別名オーディンの仕事だったようだ。あなたの仕事は、フェンネル、タイム、野生のリンゴなどを混ぜ合わせた毒消しを作ることである。退治を神まかせにするところはあまり英雄らしくないが、少なくとも道中で軽食にありつくことはできる。

ドラゴンはいたるところにいる。そうでなくては。インドからアイルランドにいたるまで、ドラゴンとは、ふたたび世界を飲み込むかもしれない原始のカオスの究極の化身だ。いわば悪のすべてである。よく考えてみれば、ドラゴンは悪魔でもある。いや、悪魔がドラゴンか。すべての人にとって幸運なことに、真の勇者にふさわしいクエストでは、ドラゴンの姿をした悪魔を倒すのはあなただ。大丈夫。中世のキリスト教徒なら、キリストの生涯とほぼ同じくらい詳しく、アンティオキアの聖マルガリタの話を知っているはずだ。すべての望みが絶たれたと思われたそのときにドラゴンを退治した、あの聖マルガリタである。

マルガリタは、つつましいキリスト教徒に育てられた4世紀の異教徒シリア人の娘だった（つまり、マルガリタは実在した人物ではない）。にもかかわらず、彼女は国王と結婚した（絶対に実在していない）。予想どおり、彼女はキリスト教を捨てることを拒《こば》み、牢に入れられた。予想どおり、彼女は牢でその美しく清らかな体にひどい拷問を受けたが、彼女の信仰心が揺らぐことはなかった。

もっとも中世では、伝説のそうした描写は、美しくて汚れのない架空の聖女のだれにでもあてはまる（全員がそうだ）。けれども、マルガリタの場合はそれだけではなかった。長く続く苦しみに耐えながら牢のなかで丸くなっていたときに、ドラゴンがその独房を破壊し、ツメを伸ばして、地獄の入り口であるかのような大きな口を開けたのである。ドラゴンは尻尾で彼女をさらって、地獄の口へ放り込んだ。

だが、この話は食われて終わりではない。

マルガリタには鎧も剣もなかった。だが、超人的な力があった。彼女は怪物の腹のなかで、自分の額、胸のまんなか、片方の肩、もう一方の肩へと、十字を切った。

すると、世界最悪の消化不良を起こしたドラゴンの腹がぱっくり割れた。

しかしながら、どういうわけか、マルガリタは消化管の守護聖人にはならなかった。代わりに、ヒーリングパワー、とりわけ妊婦と産婦のそれにおいて、西ヨーロッパでもっとも名を知られる重要な聖人になったのである。ドラゴンを倒しているマルガリタの一般的な図像は、帝王切開術を受けている女性の絵に似てさえいる。

ただし――ドラゴンの腹から無事に出てきたマルガリタとはちがって――帝王切開は中世の出産では本当に最後の手段だった。ほぼ例外なく、帝王切開をすれば母親は死を免れず、おそらく赤ん坊も助からなかっただろう。そこにあるのは、せめて生まれた子が洗礼を受けるまでのあいだ生きていてくれればという必死の願いだけだった。

そこで、中世の母親たちは宗教とおまじないが合わさったような独自の儀式を考え出した。女性親族に囲まれてお産をするとき、彼女たちはマルガリタのイコンがついたお守りと伝記の一片を持ち込んだのである。ドラゴンに対するマルガリタの勝利は、死を打ち負かして「蘇《よみがえ》った」のと同じだ。つまり新しい母親とその子が死に打ち勝って蘇ることを意味したのである。

それに、知っているだろうか？　中世の子どもの死亡率は恐ろしく高かった――50パーセントの子どもが16歳を迎えることなく死んでいた。でも、母親たちは？　ドラゴン退治の聖マルガリタのおかげで、およそ98パーセントの妊婦は出産で命を落とすことはなかった。母親が死なずに、子どもが生まれたとき、マルガリタはまた新たな人生を歩み始める。中世では女性が子を産むたびに、ドラゴンが倒されたのである。

もっとも、鎧と剣をつかむほうがおそらく出産より楽だっただろう。

ドラゴンを手なずける

ドラゴンを手なずけるのは神の意志である。

そもそも、古代スカンディナヴィアのキリスト教徒がいうように、ドラゴンを操ることなくして、どうやって勇者になるというのか。ドラゴンはもっとも威厳のある、空を舞う生き物だ。ドラゴンは人間を鉤爪《かぎづめ》でつかんだり、口でそっとくわえたりしながら、大空に舞い上がれる。殺すのではなく心への重圧で大勢の敵の攻撃を瞬時に止めることができる。そしてあなたがいつか悪党のダンジョンに入ったときにはきっと出口を照らしてくれる。つまり、魔法と王者ドラゴンを意のままに操ることができれば、こわいものなどないかもしれない。

理論的に考えて、それほどの力に神がかかわっていないなどということがあろうか。史上最高の神学者かつ哲学者のひとりであるトマス・アクィナスほどの人物までもが、ドラゴンを飼いならすことは神の意志であり、キリスト教徒にはそう努める義務があると、つゆほども疑わずに述べている。でも、どうして?

話の発端は、すでにわかっているかもしれないが、熱心な信者が書いた二次創作だった。

昔の、そして中世のキリスト教徒は、聖書に登場する自分のお気に入りの人物を主人公にした二次創作物を書くのが大好きだった。ときにそれが正典になってしまうことさえあった。そうしてできあがったのが、イエスともっとも親しかったふたりの使徒、シモンとユダが、エルサレムの最後の晩餐《ばんさん》からペルシアの宮殿へと赴いて、命がけで王の前に立つ話である。ふたりは心底くたびれていた。王国全体と宮廷内のほとんどの人をキリスト教へ改宗させたからだ。それ以外に神はなにを望むというのか?

宮廷の魔法使いは魔法使いで、いらいらしていた。自分たちが専門家であるはずの神の力についての討論で、法律家集団に負けたばかりだったからだ。気分を害した敗者によくあるように、魔法使いはヘビを解き放った。１００匹ものうごめく猛毒のヘビ《セルペンテ》だ。

シモンとユダはその筋書きに覚えがあった。古くはエジプト脱出の時代、神がアロンに杖を投げろと命じたとき、杖は相手のヘビより大きなヘビとなって、ほかのヘビを飲み込んだのである。けれどもその日のペルシアでは、神はなにもいわず、シモンとユダの木の杖はいくら待っても木の杖のままだった。

ヘビを作れないなら、ヘビを奪えばいい。ふたりの聖人は上着を脱ぎ、床に置いて、猛毒のヘビの大群をそこへおびきよせた。シモンとユダは上着ごと魔法使いに向かって投げつけながら、魔法使いの動きを封じたまえと神に願った。そうすれば相手を八つ裂きにできる。

神はそれを聞き届け、同意した。けれども、八つ裂きはあまり聖人らしくないと、シモンとユダをたしなめたようである。ふたりはその言葉をしっかり受け止めた――神に耳を傾けるのはたいていはいいことだからだ。それでも、魔法使いが命乞いをするまでしばらく待った。やがて、もういいだろうと考えたシモンとユダは、ヘビに外の砂漠へ出るよう命じた。ヘビを殺そうとはしなかった。神がヘビを元の木の杖に戻してくれるのを待たなかった。聖人たちがヘビに外へ出ろと命じると、ヘビはしたがった。

何世紀ものち（の現実の世界）にトマス・アクィナスが現れた。安全なパリの大学の部屋にどっしり腰を下ろして、彼はキリスト教に関係のあるすべて――原典となる聖書、そこから広がった世界、熱烈な信者によるたくさんの解釈――を読んだ。ウィキをまるごと書ける人物がいるとしたら、まさに彼である。トマスはそれを『神学大全』と呼んだ。

執筆の途中でトマスは、悪魔を追い払いたい人々が悪魔祓いの力を神に求めることができると証明しなければならなくなった。そのなかで重要なステップのひとつが、人間は理性を持たない生き物、つまり動物を操れるという証明だった。そして、自分の主張を支えるために彼が選んだ証拠が、シモンとユダとヘビの話だった。

ただし、トマスにとってヘビは広い意味での「トカゲ」でしかなかった。物語を読んでしかと頭に入れたトマスは、『神学大全』に独自の発想をくわえた――ドラコネスである。つまり、中世でもっとも重要なそのキリスト教神学書は読者に、たぶん、人間はドラゴンを手なずけることができ、手なずけてもよく、手なずけるべきだと語っているのである。

ただひとつだけ、とても小さな、ほとんどどうでもいい内容が抜けている――実際にどうすればいいのか、だ。なにかしらの古写本に野生動物の調教について書いてあるかもしれないが、それを写本した修道士が実際に見たことのあるエキゾチックな動物などネズミくらいのものだったろう。教会以外のキリスト教作家が書いたドラゴンの飼い方もあまり役に立たない。いかに自分が狩りの動物を手なずけたかを世に知らしめることで、みずからの勇ましさを証明したくてしかたがなかった貴族は山ほどいたが、彼らが語っているのは犬とタカである。ああ、でもヒョウがいた！　そうした貴族たちはペットのヒョウを見せびらかして自分の気品を証明しようとした……とはいえ、ヒョウはアレクサンドリアでペットとして購入されたもので、すでにイスラム教徒の飼育者によって飼いならされていた。15世紀のヴェネツィア、ドイツ、フランスで芸をして観客を楽しませたゾウも、すでに調教されてから地中海を渡ってきた。

ありがたいことに、中世のイスラム教徒が、手に負えない危険な生き物を意のままに扱う方法を心得ていた。しかも、喜んで教えてくれる。

イスラム教徒の獣医の専門はチーターで、ドラゴンでないことはたしかだ。だが、考えてみれば、ヘビを手なずけたシモンとユダは、ほかの王宮でも同じ芸当をやっている――そのときはトラである。その話が正しいなら、神はドラゴンの調教と、大型のネコ科の動物の調教をすでに関連づけていることになる。問題ないだろう。ネコを飼いならすには根気とチーズがいる。ドラゴンを飼いならすには根気とチーズがあって、彼らがため込んでいる宝石を奪わないようにすればいい。

14世紀の動物専門家イブン・マンカリは一般には海戦で名を知られている人物だが、チーターと信頼関係を築くふたつの方法を提案している。やり方のリストはあるが、示されたとおりにやればうまくいくという保証はない（わたしなど、海戦と聞くといつもチーターを思い出してしまう）。とにかく、イブン・マンカリの説明にはまちがいなく根気と食べ物が記されている。

1　捕らえたばかりのチーターが横になっているあいだに体を拘束して、口しか動かせないようにする。

2　頭の横にボウルに入れたチーズを置く。チーターはまずチーズを舐《な》めてから、食べるだろう（そういわれると、なんだかうさん臭く感じられる）

3　チーターがチーズを食べたところで、介入する。小さな肉切れをひとつずつ与えれば、チーターはおいしい食べ物と人間の存在を結びつけて覚える。

4　頭を持ち上げる、脚を動かす、座る、立ち上がるという具合に、チーターが動かせる部分を少しずつ増やしていく。ただし、この段階では、新たに許されるようになった動きをチーターが実行したときにしか餌は与えない。

5　好ましい行動をほめる犬の訓練のようだ。ただし、イブン・マンカリの調教の最終目標はチーターを馬の背に乗せることである。

乗り気ではない？　チーターは少し難しいと思う？　ならば、12世紀のシリアの宮廷がいいアイデアを出している。チーターの調教を女性にやってもらうのだ。

あるスルタンのお気に入りのチーターがそうだった。女性の名は年月とともに失われてしまったが、その大きなネコとの驚くべき信頼関係は記録に残っている。その調教師は首輪とリードを作って、チーターを散歩へ連れ出していた。チーターはその女性に、なでたり、ブラシをかけたりすることを許してさえいた。

それだけでは不十分とばかりに、調教師はいちだんと踏み込んだ関係を築いている。彼女とスルタンはたいそうチーターをかわいがっていたので、チーターのわらのベッドをビロードで覆った。伝えられるところによると、チーターがベッドの外ではなくビロードに粗相をしたときに、調教師がひどく怒ったという。要するに、チーターはトイレトレーニングが済んでいたのだ。

野生のドラゴンを初めて手なずけるときに、ドラゴン用トイレを思い浮かべる人はまずいない。それよりも、鉤爪につかまれて空へ舞い上がる、あるいは洞窟から出る道を照らすよう命じるといったイメージを思い描くだろう。それが勇者のやることだからだ。勇者はドラゴンのトイレは作らない。

その一方で、トイレトレーニングこそがあなたを英雄にするともいえる。人々は地表にいるのだ。空飛ぶドラゴンの下の。

海のモンスターの攻撃に耐える

ご乗船ありがとうございます。行き先は地獄ですか？

あなたはおそらく、クエスト中の海のモンスターの部分は楽勝だと思っているのではないか。難破した船から人を助け出すには（本当に）奇跡が必要だ。海賊は、あなたを奴隷として売り飛ばすか、船から海へ放り込んで溺れさせるか、その場で殺す。それに比べれば、ネッシーなどかわいいもので、ペットにしたいくらいだろう。

ただし、船尾付近にいる海のモンスターが、メレンゲパイでも食べるようにがぶりと船にかみつこうとしたならすぐに、自分の命よりもっと大きな心配をしなければならない。そう、古代の近東、先史時代のインド＝ヨーロッパには原始のモンスターがいた。それらは宇宙の海にいて、世界を食べなければ死んでしまうといわれていた。絶対に憂慮すべきだ。

古代ヘブライ語の風刺に、ふつうの大きな魚に飲み込まれた不信心な預言者にまつわる話があるおかげで、あなたがこの神話を笑い飛ばすことができたのは幸運だったかもしれない。中世のキリスト教徒は、その預言者ヨナが3日間、クジラみたいななにか（聖書はクジラについては具体的に語っていない）に飲み込まれていたと聞かされていた。おや、キリストは聖金曜日から復活の日曜日までの3日間を地獄で過ごしたのではなかったか？（そのとおり）。口から飲み込まれるという状況は、ほぼ世界共通で、地獄の入り口を通って地獄へ行くことの比喩ではないか？（それもそのとおり）。そこでキリスト教徒は、ヨナの冒険は、3日かけて悪魔を滅ぼし、死から蘇ったキリストのたとえ話だと宣言した。なるほど、キリストが悪魔と戦ったのに対して、たぶんヨナは胃酸と戦ったというわけだ。いずれも同じく、とても神聖とはいえない場所である。なので、あなたが船尾からヨナのように海のモンスターに飲み込まれたなら、あなたは地獄へ行くことになる。

そして、実際にも比喩的にも地獄の入り口を避けたいなら、グリーンランドのツンドラからドラゴンがいるヨーロッパの図書館まで、手当たり次第に戦略を探す必要がある。

バフィン湾

ノース（古代スカンディナヴィア）人が船に乗って、アイスランドからグリーンランドまで航海したと聞いてすごいと思っただろうか？　12世紀にはすでに、ロシアから渡ったトゥーレ人［先史エスキモー］が、バフィン湾からアラスカまで行き来して、交流したり陶器の商いをしたりしていた。グリーンランドのトゥーレ人とドーセット文化［北米北極圏地域で栄えた先史エスキモー文化」の先人たちがそのあたりを離れなかったのは、セイウチとして知られる海獣が食糧になったためである。セイウチはそこらじゅうにいて、その肉はそれなりに簡単に手に入った。トゥーレ人はまた、セイウチ狩りのスキルをイッカク狩りに使うことにもまったく抵抗がなかった。一方、ヨーロッパ人は全体としてイッカクを気味悪がっていた。

交易品から察するに、ノース人は牙に目がなかった。セイウチ？ イッカク？ 交易相手はニヤリと笑う。ノース人がこわくて航海することも刺し殺すこともできなかった場所で、トゥーレ人はそうした生き物と真正面から戦って勝っていたのである。

残念ながら、あなたがトゥーレ人でないかぎり、「恐れない」という文化を取り入れてもおそらく食われてしまうだけだろう。

紅海

10世紀の本『インドの驚異譚』によれば、著者ブズルク・ブン・シャフリヤールは、海のモンスターに襲われても生き残る方法をムハンマド・アル＝ハッサン・ブン・アミルから学び、そのムハンマドは実際に生きて帰った船乗りから聞いたという。ムハンマド・アル＝ハッサン・ブン・アミルがだれなのか、まったく見当もつかない気持ちはよくわかる。くわえて、ブズルク・ブン・シャフリヤールは実在した人物ではない……けれども、地獄に行かないようにするにはすべての方策に頼らねばならない。そしてこの物語の船乗りは勝ったのだ。

話を進めよう。その実在しない船乗りが実在する紅海を進んでいたところ、怪物のような魚が激しく船体にぶつかり、岩壁にぶつかったかと思うほどの衝撃を受けた。ところが船は沈まなかった！　港に着くと、真相が明らかになった。衝突されて壊れた船体が、胴体を食いちぎられた怪物魚の頭でふさがれていたのだ。魚の頭はすっぽりとはまって抜けない。そいつが抜け出そうともがくあいだ、別の怪物魚がすぐそばを泳ぎながら、おいしい刺身を味わっていたにちがいない。船の穴は最初の魚の残骸でふさがっていたのである。

この冒険は疑いようもなく、海のモンスターに襲われても生き延びる方法の一例を示している。だが、これがいいかというと、そうでもない。神ならぬサメ頼みは横着だ。おそらく食われてしまうだろう。

ヨルダン川

フェリックス・ファブリ（１４４０〜１５０２年）は本当にいた人間で、本当のヨルダン川に赴き（１４８０年と１４８３年）、本当の旅日記を書いた。その内容はほぼ真実で、彼はほかの旅人が本当だと信じていた川の伝説については懐疑的だった（ヨルダン川で洗ったリネンのチュニックが矢から身を守ってくれるかどうかの判断を読者にゆだねている）。

川を案内するイスラム教徒のツアーガイドがキリスト教徒の巡礼者に警告した。川で泳いでいる人がときどき不意に……姿を消すことがあるので、どんなことがあっても川を泳いで渡ってはいけない。とはいえ、なにをいわれようと、とにかくだれもが泳いだ。思わず、あなたの頭のなかに、中年男の修道士が素っ裸（＝中世ヨーロッパの水着姿）になって、川のなかで浮かれ騒いでいる光景が浮かび上がる。

ファブリの最初の旅では、実際、一緒に泳いでいた人のひとりが不意に姿を消した。哀れなその男性はやがて、意識を失い、溺れかかった状態で浮いてきた。飲み込んでいた水を吐き出すと、彼は一部始終を語った。なにかがふわっと足に触れたかと思うと、足の力がすべて抜けたかのようになり、下へ下へと引きずられ、自分ではどうすることもできなかったと。

問題は、彼を溺れさせようとしたのが海のモンスターかどうかではなく、それがどんなモンスターだったかだ。ファブリは耳にした話からいくつかの候補を考えた。（1）川底の泥のなかに潜んでいて、えものがくるのをじっと待ち、目に入った人間の足に食らいつく、魂と体を吸い込む深層の生き物。（2）まるで地獄から上がってきたかのように、いかなる生命体も生きながらえることが不可能な死海から泳いできた怪物。（3）水そのものが怪物で、死海の恐ろしく苦い水がその毒を川へと押し上げたため。

一方、ドミニコ会の托鉢修道士《たくはつしゅうどうし》で神学者だったファブリは、その臨死体験を教訓として用いずにはいられなかった。その恐ろしいできごとは、聖なる川で素っ裸になってはしゃいでいたことに対する神の罰だと、彼は主張した。

水着の発明まで待つことは、まちがいなく海のモンスターの襲撃から生還する斬新な方法だといえよう。ただし、あなたのクエストが明らかに中世の性質を帯びていることを考えると、おそらくあなたは食われてしまうだろう。

英仏海峡

作り話であるかどうかは別として、10世紀の詩「クジラに飲み込まれたある漁師」(十分もっともらしい)に登場するのは、内側を意味するウィジンという名(全然もっともらしくない)のイングランドの漁師である。ウィジンは、自分と自分の小舟をそこから出そうと戦いながら、恐ろしい5日間を内側で過ごした。頼りになる剣でクジラの胃袋をずたずたにしながら、ウィジンはその怪物を岸まで泳がせ、海岸へ打ち上げさせることになんとか成功した。ところが、クジラを殺すためには自分の小舟に火をかけなければならない——自分が内側にいたままで。ウィジンはなんの抵抗もせずに内側に閉じ込められたままでいるのはいやだった。彼は大声で助けを呼んだ。クジラの肉を切り取ろうと海岸にやってきた地元の村人たちは、クジラではなくウィジンの声を聞き、クジラに悪魔が乗り移ったのだと考え、食欲を失って、おびえながら逃げた。けれども、結局は戻ってきて、ウィジンを外へ出してやった。

「クジラに飲み込まれたある漁師」という詩の主人公になれば、絶対にあなたは食われてしまう。けれども、小舟、剣、海岸、腹をすかせた村人がそろえば、あなたは生還できる。ただし、あなたが悪魔だと村人に思わせてしまうと、おそらく火あぶりの刑になる。

さて、次。

地球上の海全部

まだこわくないのか？　ヘブライ語の聖書には、世界最大の海のドラゴンの描写がある。体は溶けた盾でできていて弱点などなく、吐息は炎だ。そのドラゴンから見れば、剣は麦わら、鎧は腐った木のようなものにすぎない。神はドラゴンをほかのいかなる生き物よりも強い深淵の主として作った。ドラゴンは「誇り高き神の子すべての上に君臨している」

けれども、だれもが誇り高き神の子だった中世のユダヤ人読者たちは、ひとつの話がこれでもかというほど繰り返されていることに気づいた――最後には必ず、神が、最悪の海のモンスター、生きとし生ける者にとっての最強の敵を退治する。そして、最後の晩餐に、人類はみな、そのモンスターの肉で祝宴をあげるのだ。

最後の晩餐の預言は、中世盛期のユダヤ人の読者、キリスト教徒の作家、アラビアの語り手、トゥーレのセイウチハンターすべてに通ずるものがある。グリーンランドの凍えるような海岸線からヨルダン川の岸辺まで、そこからはひとつの真実が浮かび上がってくる。すなわち、海のモンスターに食われないようにする方法は、先に相手を食べてしまうことである。

食われないようにする

なんということはない日曜日のはずだった。858年のその日、フランス、サンスの村人たちは教会へぞろぞろと集まってきた。女性がかたまって教会内の片側に立ち、男性はもう一方の側に立つ。司祭は信者に背を向けて、ラテン語で礼拝を始めた。信者は静かに立ったまま司祭のほうを向いているはずだったが、ほとんどはおそらく、男女に二分された教会の自分の側で押し合いへし合いしながら、うわさ話でもしていただろう。信者席の登場はまだ何世紀も先だからだ。まさにそれは、ありふれた日のありふれたミサだった。出入り口からオオカミが飛び込んでくるまでは。

獣が教会の男性側を駆け抜けたので、男の信者たちはたがいにぶつかって、大の字にひっくり返った。次に獣は、ものすごい勢いで女性側に突進した。それから外へ走り出て、森へと姿を消した。あなたが数えていない場合を考えて述べておくと、オオカミの襲撃による死者数はゼロだ。だれひとり命も手足も失わなかった。失ったのはゴシップの時間だけである。めでたし、めでたし。でもこれではちょっとつまらない。仲間と旅する勇者は、道に沿って続く森のなかからえものをつけ狙うオオカミに脅かされるはずだろう？　じつをいうと、ノース人は「ヴァルガー」という言葉を、無法者とオオカミの両方に用いていた。ヴァルガーはしょっちゅう旅人を襲ったり殺したりしていた。一方フランスとイングランドの政府はオオカミを根絶しようと、その毛皮に賞金をかけた。

年月が経ち、十字軍の失敗が続くにつれて、勇者はますますオオカミに脅かされるはずではないか？　中世盛期の数百年でヨーロッパの人口は爆発的に増えた。それに合わせて、人間と家畜の側がいちだんとオオカミのなわばりに侵入するようになった。オオカミには野生のえものとヒツジの群れの料理上のちがいはわからない。それでも、そんなことは無関係とばかりに、１５００年までには毛皮の賞金稼ぎがみなでヨーロッパの一部地域のオオカミを絶滅に追い込んでしまった。でも、とあなたは思う。オオカミは１４３８年のパリ郊外で14人を殺しているじゃないか！　すべての年代記にそう書いてある！

いや、「1匹のオオカミが１４３８年に14人を殺し、それがあまりにも珍しいできごとだったために、人々が盛んにその話をした」とも解釈できる。おそらくそちらが正しい。少し背景を足すなら、１４３８年は飢饉《ききん》の年だったためにオオカミはやむなく人間を襲ったのだ。となれば、論理的な結論はひとつしかない――中世のオオカミが悪者なのは、当時の人々がオオカミを悪者に仕立て上げることに熱中していたからだ。

でも、心配は無用。あなたにはまだ、動物の襲撃をかわしてヒーローポイントをゲットするチャンスはある。必要なのは、ベーコンが大好きだった中世後期のある街だけだ。人々は学んだ。雌豚の飼育はじつにすばらしいことだと。家族は塩漬けの魚以外の肉を手に入れることができる。くわえて、自分で豚に餌をやるのではなく豚を放し飼いにして生ゴミを食べさせれば、ずっと経済的だ。唯一の問題は、自由に歩き回る豚にはときどき家屋に侵入して赤ん坊を食べてしまう悪い癖があったことだった。そこそこ重大な問題だったので、ドイツの街では豚の放し飼いを禁じる法律が可決された。もっとも予想にたがわず、そうした条例の効果などたかが知れている。あなたが駆け寄って、豚の口から幼な子を守るチャンスはたっぷり残されている。それに、ただ食われないようにするより、おまけにベーコンがついてくるほうがずっといい。

おや、かわいくて賢い豚を殺すのは気が進まない？　あるいは、もしかしてあなたはイスラム教徒か、律法にしたがった清浄《コーシャ》な肉を売る肉屋が必要なユダヤ教徒か、断食期間中に断食しなくていいように教会に金を渡さなかったキリスト教徒なのか？　それとも、豚殺しはドラマのクライマックスと呼ぶにはお寒いし、オオカミの襲撃をかっこよくかわす場面がありそうもないからへそを曲げているのか？　勇者としての評判を気にすることはやめたほうがいい。あなたにはまだ食われてしまう危険が残っている。しかも相手は、暗い道端に潜んでいる昔ながらの動物ではない。いうまでもなく、わたしはすべての捕食者のなかでもっとも危険な存在について話している。

人食い人種

達人たちは口をそろえる。世界の果てをめざすならよく考えてからにしろ。嵐がきて、スマトラ島より向こうの島に吹き飛ばされ、あなたは針路をはずれてしまうかもしれない。島民はあなたを食べ、トロフィーであるかのようにあなたの頭蓋骨を飾る。これは可能性ではない。事実だ。必死で船を海に戻そうとしても無駄だ。必ずどこかで食料と真水を補給する必要が出てくる。そして、外海の縁にある島々には例外なく人食い人種が住んでいる。

しかし、実際に世界の果てに行き着いてしまったら、自分が食材にならないように身を守る方法はあるのだろうか？　ある。10世紀になんとかして自由への道を見つけたひとりの船乗りの話を参考にすればいい。

スリランカから少し離れた名もない島——既知の世界に近いが人食い人種がいる場所——で、人食い人種の国王その人が船乗りをディナーに招待した。料理は豪勢だった。メインディッシュでひたひたのソースのなかに浮かんでいたのが頭、足、手の塊だった以外は。もちろん、船乗りはその晩それ以上食べなかった（もしかすると幾晩も）。翌朝、彼が急いで出発しようとすると人食い王が魚を差し出した。「これがわたしたちの食べ物だ」と王は船乗りに告げた。「これがおまえの食べたものだ。最高の魚だ」。人食いといわれた王はいたずらをしただけだったのだろうか？　それは朗報だ。食われなくてすむならそれに越したことはない。そして、人食い人種が存在しないなら、あなたが人食い人種に食われることもない。

それなら、ゆったり座ってくつろぎながら、砂漠や島に脇役として人食いの悪党が登場する中世の物語をたくさん楽しむとしよう。たとえば10世紀のアラビアの物語では、またしてもスリランカに近いどこかの島で、船乗りがけっして逃げられない3つのわなにかかる。その島に上陸すると、トラに食い尽くされてしまう。大急ぎで船に飛び乗って海へと逃げたとしても、水のなかには腹ペコのワニが待ち構えている。なぜわざわざ船から飛び降りるのか？　海賊があなたの船に乗り込んで船を盗み……あなたを食べようとするからだ。

ということは、人食い人種の海賊がいるのか？

ならば、この物語で船乗りが生還して話を語ることはなかったことなど、もう問題ではない。「人食い人種」がじつは魚しか食べたことがなかったとしてもたいしたことはない。人食い人種が必ずだれも訪れたことのない世界の果てに住んでいることも、気にしなくていい。なにしろ人食い人種の海賊がいるのだろう？

いや、ちがう。やはり食われてしまうのはよくない。捕食者に襲われても生き延びるには、捕食者が存在しないのがベストだ。ならば最初から人食い人種の海賊など存在しないにかぎる。

じつに残念だ。人食い人種の海賊がいないのに、大勢の悪党を倒して世界を守らなければならないとは！

地平線に黒い雲が現れたら

あなたの旅の途中で地平線に黒い雲が現れても気にすることはない。天気の魔術師を雇えばいい。

そう、中世には天気の魔術師がいた。彼らはテンペスタリーと呼ばれ、9世紀のフランスとイングランドの救世主だった。地平線に嵐が迫ってきても、テンペスタリーが雲と意思疎通を図って追い払ってくれる。

天気の魔術師は「嵐を呼ぶ者《インミソレス・テンペスタトゥム》」と呼ばれることもあり、雷や雹を呼び起こす力を持っていた。彼らは呪文で暴風雨をもたらす雲を呼び出し、農民の作物をめちゃめちゃにした。（重要な補足――テンペスタリーとインミソレス・テンペスタトゥムは同じ人間で、同じものをほしがっていた。あなたの作物である。彼らを味方にしたければ、収穫した作物の一部を教会ではなく彼らに与えさえすればいい）。

インミソレス・テンペスタトゥムという名称は、農民魔術師にしては少しエレガントすぎるし、文法的に正確すぎるのではないか？　教会の代わりに彼らに作物を与えるとはっきり述べているところが怪しくないか？　そのとおりかもしれない。中世初期の教会はよくテンペスタリーを罪人扱いした。中世初期のヨーロッパの政府は、しばしば教会にうながされて、テンペスタリーを犯罪者とみなすことがあった。けれども、どういうわけか、あなたが指示を仰ごうとする文献に登場するテンペスタリーはみな、実際にはテンペスタリーではない。むしろその逆だ。

816年ごろ、リヨンの大司教アゴバールは、テンペスタリーが実際に行動しているところをその目で見たと主張する男との会話について記している。だがそれは主張にすぎなかった、と彼は請け合う。大司教が諭すうちに男が認めたのだ。じつは天気の魔術を使った人間を見たことはない、すべて自分の作り話だと。

ほかの例では、状況はもっと深刻だ。アゴバールは、3人の男性とひとりの女性に石を投げて殺そうとしていた村人の集団に出くわした。彼らがいうには、その4人は空飛ぶ船から落ちてきた雲乗りであるらしい。アゴバールはとうとう自分が何者かを語り、時間をかけて村人と議論を戦わせ、当然のことながら勝った、とみずから記している。村人は自分たちの考えがまちがっていたことを認め、4人を解放した。このときは、テンペスタリーを疑われる人々は登場すらしなかった。

疲れを知らぬ研究者で（彼自身の説明によれば）英雄でもあるアゴバールは、テンペスタリーの存在を信じるたくさんの人に出会った。けれども肝心のテンペスタリーはひとりもいない。だれも本物のテンペスタリーを知らない。見たことさえない。ということなので、あなたのクエストに役立てたいならがんばって見つけよう。幸運を祈る。

でも、心配はいらない。中世にはほかにも天気の魔術師がいた。ただ、聖人や司祭と呼ばれていただけだ。祈禱や儀式の呪文を唱える彼らは、フランスやイングランドだけでなく、ほかの多くの場所でも救世主になっている。

フランス南西部の人々は、作物に必要な雨が降るよう司祭に祈ってもらった。司祭が雷雨を遠ざける特別な礼拝を行うこともあった。中世初期のフランスやドイツの（たとえばリヨンのアゴバールのような）司祭は祈りによって雷や雹を遠ざける力を持っていた。なんとも興味深い。

祈った甲斐なくひどい嵐に襲われてしまった場合、人々はしっかりした石造りの教会に避難した。れっきとした聖人がいるなら建物などいらないはずだが。話によれば、イングランド系ドイツ人の宣教師で女子修道院長だったリオバ（710～82年ごろ）は、村人たちがそれまで見たこともないような激しい嵐のなかへと出ていったという。彼女が十字を切る――片手を上げて額にあて、腹部へとおろし、心臓がある側に触れ、反対側に触れる――と、たちまち嵐が消えたらしい。

リオバの聖人伝にひとつしか成功例がないことはあまり気にしなくていい。あなたのような勇者が複数回の激しい嵐にぶつかる確率はどのみちかなり低いに決まっている。この話では宗教と魔法の区別が明確ではないが、それも問題ない。中世のキリスト教はそんなものだ。むしろ問題は、聖人伝を書いていた人物には、彼女を聖人らしく見せるにあたってなんらかの奇跡が必要だったという点である。

ほかの例からも、地平線の黒い雲に対処する方法がわかる可能性がまだある。ライバルの魔術師に天気の決闘を申し込んだ人物はどうだろう?

ヘルティガルはスウェーデン、ビルカの平凡な男だったが、9世紀に、村で初めてキリスト教に改宗した。ある日、嵐の直前に、男たちが集団で、彼がキリスト教徒であることを物笑いの種にしていた。ヘルティガルも負けてはいない。おまえたちの神々は雨が降らないようにすることはできないだろうが、自分の神はできると切り返した。ヘルティガルと男たちは、森の開けた場所の両側に陣取って、詠唱を始めた。雲が広がり、異教徒の魔術師たちはびしょ濡れになったが、ヘルティガルはまったく濡れていなかった。神の天気魔法は効くのだ。

しかしながら、ヘルティガルは聖人ではない。ということは、もしかして聖人は天気の魔法使いにはなれないのか?

大丈夫。中世にはほかにも天気の魔法使いがいる。正しい道具さえあれば、あなたも絶対にそのひとりになれる。(実在しない)異教の宗派に参加したり、ヴァイキングに殺されたり(殺されなかったり）する必要さえない。

いちばん役に立つ道具はふつうの十字架だ。自分の畑を見下ろす丘の斜面に木製の十字架を立てれば、雹を防ぐことができる。その十字架が特別な祝福を授かっていれば、遅霜や早霜さえ防げるかもしれない。聖人ではないクリュニーのユーグ（１１０９年没）を見習ってもいい。彼はリオバをしのぐ力で、十字を切る動作を用いて同じように嵐を退けた。中世初期の司祭がキリスト教の十字架に備わる魔力（みたいなもの）を強調したのはイエスの死と復活の重要性を説くためだと、あなたをばかにする人がいるかもしれない。だが、収穫の季節にそんなことをいちいち考えてはいられない。

あなたはまた、大気の力を引き出すこともできる。鐘――教会の鐘がいちばん音が大きい――を鳴らして雷を静めるのだ。鐘に聖水をふりかけて水の力をくわえれば、鐘の音が雹を雲へと押し戻してくれる。自分の声しか道具がなければ、天使の力を呼び起こそう。ガブリエルやミカエルなどの「大」天使だけでやめてはいけない。パンキエルと彼の４万４０００の天使あたりから始めるといい。

ということで、地平線に黒い雲が現れたら、余裕の笑顔を見せよう。中世には天気の魔法使いがいた。そしてあなたもそのひとりなのだから。

果てしなく続く冬を乗り越える

1510〜11年の冬は過酷だった。記憶に残るいかなる冬よりも、（あとでわかったことだが）ブリュッセルの住民がのちに経験するいかなる冬よりも、厳しかった。そこで、その1月、彼らは彼らにできる唯一のことをした——雪だるまを作ったのである。

詳しくいうと、彼らは街中で100個以上の雪だるまを作った。雪でできた聖人、雪でできたギリシアの神々、雪でできた牛。その雪だるま芸術展に感銘を受けた街の公式な詩人は、雪の生き物たちに文学作品のなかで命を与えた。たとえば、詩のなかの雪の牛はふんもおならもする。なぜなら、中世だから。

色目を使っている真っ最中に凍りついたかのような雪の修道女は笑える。ブリュッセルの敵の雪の城に排便している雪だるまはもっと笑える。けれども1511年の雪だるまフェスティバルは気分を盛り上げるためだけのものではなかった。作品全体を奇跡ではなく驚異と呼ぶことで、ブリュッセルの市民は、それを成し遂げたのが神ではなく人であることを強調したのである。裸の人間がいちゃついている雪の彫刻は、冬に対する人間の勝利だった。寒さでも暗さでもどんとこい、と雪だるまは告げている。冬に勝ち目はない。
果てしなく続く冬に直面するあなたにまさに必要な気骨である。

慣れる

中世のサーミ人（現在のノルウェー、スウェーデン、フィンランド、ロシア北西部の先住民族である彼らの子孫なら、あなたもおそらく知っているだろう）は、まったく冬しかない場所で繁栄した。彼らは集落を築き、毎冬をそこで過ごした。というより、そこには冬しかなかった。あの愚かなヴァイキングたちにさえ夏は必要だったのに。1月と2月、ノース人は、初期の植民地主義による税の取り立てや交易で手に入るサーミ人の品々に頼り切っていた。

そうそう、忘れてはいけない。中世のサーミ人は、いつも太陽が出ている場所でも生きていけた。中世後期までには、沿岸のサーミ人集団は1年中同じ場所で楽に暮らすための新しい行動を身につけていた（魚を釣れるようになった！）。スカンディナヴィア半島内陸のサーミ人はなおも永遠の昼（夏）と永遠の夜（冬）の両方の達人だった。

要するに、サーミ人はつねに備えができていたということだ。

楽しむ

さて、冬のアルプスだ。

好きなほうを選べる。自分の靴底と馬の蹄鉄《ていてつ》の裏に釘を打ち込むか？　それとも、地元民のやり方だと観光客に教えられている方法をとって、下り坂の道のまんなかに丸太を置き、それにまたがって、だれかに背中を押してもらうか？

実際、中世ヨーロッパの人々は冬のおとぎの国を驚くべき場所にする方法を心得ていた。ブリュッセルの雪だるま芸術展はその始まりにすぎない。15世紀ドイツの雪合戦はどうやらありふれた光景だったようで、司祭たちはそれを罪とみなした。あるいは、真の問題は、雪玉が司祭たちの顔に投げつけられたことだったのかもしれない。

足にスキーをくりつけ、トナカイに手綱《たづな》をつけて、凍った水の上でスキーを楽しんでいたサーミ人を、南部の作家たちはうらやましがっていたように見える。一方、アイススケートは中世オランダの国民的スポーツだった（まだ国ではなかったが）。スキーダムのリドヴィナはスケート事故がもとで聖人になった。だから、最初はふらふらしていても心配はいらない。

心配は中世盛期のアイスランドとスカンディナヴィア半島の競技のためにとっておこう。試合のルールははっきりとはわかっていないが、だいたいは2チームに分かれて、ボールを投げ、体当たりでたがいを追いかけ回したようである。冬の天気が普段より悪くなると、屋内で試合をすることもあった。冬の強風にも耐えられる重さのボールを使っていたので、原っぱではなく大広間でプレイする場合は家具に気をつけなければならない――それが女王のものである場合には特に。そうそう、もっと大きな問題に直面する場合もある。13世紀の『エギルのサガ』の読者にとって、ライバルチーム同士が喧嘩になって選手のひとりが頭に斧をくらったという話は、現実としてまったくありうる状況だったようだ。

語り継がれるうちに話に尾ひれがついたのだと思いたい。

利する

ボールと斧は農民に任せておこう。女性であれ男性であれ、あなたが領主なら、永遠の冬はふたつの重要なポイントで利するチャンスだ。

ひとつ目は金である。1315〜22年の大飢饉は、フランスと神聖ローマ帝国で何年も続いた不作が原因だった。農民の家族は子どもたちが飢えて死んでいくのを苦しみながら見ているしかなかった。貴族たちは、人々が小麦や大麦で税を納めるどころか、生き延びるためにどんな残りかすでも食べなければならない状況に陥って次から次へと税を滞納するのを、不機嫌に眺めていた。だが、ご安心を。貴族たちは、何年も続く悪天候の対応策として、新たにすばらしい方策を思いついた。それは、農民に作物ではなく金銭で税を納めさせたり、金を貸しつけたりすることだった。

売れる作物がないのに、農民はどうやってその金を得ればいいのか？　それはわれわれではなく彼らの問題だ。そうだろう？

ふたつ目は社会的地位である。冬でも暖かく過ごすには、やはり毛皮がいちばんだ。しかし少々値が張る。そこで、あなたが――国会でも市議会でもいいが――毛皮を着ていい人といけない人を決める法律を作ってはどうだろう？　中世後期、どの社会集団がどのような服を着るかを決めるぜいたく禁止法は、毛皮を着ていいかどうか、どのような毛皮を着るのか、衣類のどの部分に毛皮を使っていいのかなど、毛皮について細々と指示していた。

冬の寒さが厳しければ厳しいほど、だれもがさらに毛皮を欲する。地位を高めたいなら、だれが毛皮を着ていいかを操るのがいちばん手っ取り早い。うまくやれば、その「だれ」はほかでもない、あなたになる。

慣れて、楽しんで、利する

中世初期の西ヨーロッパの農民から見れば、冬にもひとつだけ利点があった。戦争が少なくなるのである。ものすごく減るのだ。国王も領主も兵を養うために必要な物資がなければ進軍できない。よってだれも召集されず、兵たちが農地を荒らしたり馬を燃やしたりすることもない。ヴァイキングは夏の襲撃シーズンが終わって故郷へ帰る。厳しい冬を知らぬ地中海沿岸地方でさえ小休止だ――冬は海そのものが荒れて危険だったので、沿岸を襲う海賊の数もめっきり減った。

ところが……ヴァイキングがすべてを変えた。9世紀半ばまでに、彼らは冬越しのスキルを身につけたのである。彼らはヨーロッパを取り巻く島々や川の三角州――アイルランド、フランス、イベリア半島、南フランスなど、あらゆる場所――に冬越しの場を設けた。そして、新天地に生活のパターンを合わせ、それまでよりやや温暖な気候を楽しみ、年間を通じて戦利品を略奪しては被害者を奴隷にすることで、莫大《ばくだい》な利を得たのである。

あなたにとって若干問題なのは、やがてヴァイキングたちがヴァイキングをやめたほうが得策だと気づき、いわば、ただのスカンディナヴィア人になってしまったことだろう。「ヴァイキング」としての全体の仕事はさておき、冬越しの襲撃という戦略はひと冬、あるいは数回の冬ならうまくいった。けれども、永遠の冬に対処する最善策にはならない。

勝つ

結局、中世に冬の正しい過ごし方を知っていた人々の集団はひとつだけ――修道士と修道女である。中世の修道院では、日の出、正午、日の入りに合わせて日々のスケジュールが決められていた。修道院の1日は夜明けの祈りから始まる。
つまり、友よ、冬は日の出が遅いので寝坊ができる。毎日。

「蛮族」を打ち負かす

始める前にひとつはっきりさせておこう。中世の地中海を取り囲む世界では、だれもがだれかにとっての蛮族だった。たとえば、イスラム世界の最初の580年間、アラビアの作家はビザンツ帝国の首都ビザンティウム［ギリシア人が築いた］を褒めていた。その地はアル＝ルム、つまり古代ローマの文化と威厳を継承しているという。ところが、民族としてのギリシア人はというと、猛々《たけだけ》しく油断のならない男性か、色っぽくなまめかしい女性のどちらかしかないのだという。

その後、十字軍の遠征が始まった。

1098年、西のキリスト教徒が近東を侵略し、1099年にはエルサレムの住民を虐殺した。突如として、アラビアの作家たちはビザンツ帝国のキリスト教徒をさらに褒めるようになった。世の中どう動くかわからない。

もうひとつはっきりさせておこう。あなたがだれであっても、ヴァイキングが善人だったことはない。ただし、ノース人を「たんなる」ヴァイキングとひとくくりにして、汚名を着せたりレッテルを貼ったりしないでほしい。ノース語でいうところのヴィキンガーはノース人のほんの一部でしかなく、中世のほんの一部の時代に、(たがいを含め) たくさんの人々に海賊行為を働いて、襲いかかり、火あぶりにし、殺害し、奴隷にしただけだ。たしかに、中世のホラーで現代のロマンスでもあるヴィキンガーは800〜1050年を「ヴァイキング時代」と呼ばせることに貢献した。だが、その時代は長く続かなかった。なぜならヴァイキングも長く続かなかったからだ。それでも、スカンディナヴィア半島南部とアイスランドの人口は減らなかった。

くわえて、蛮族には賞賛に値するとはいえタフで悪党じみた文化しかないが、ノース人にはたくさんの文化がある! たしかに、『バンダマンナ・サガ』という本の名は、『カンタベリー物語』や『神曲——地獄篇』や『アンワル「ウルウィ・アル＝アルジャム・フィ・アル＝カシュフ」アン・アスラル・アル＝アフラム』ほど、人を惹きつけるタイトルではないかもしれない。けれども、ノース人の英雄伝説《サガ》は、そもそも英語に「サーガ」という言葉をもたらしたほど文化的に重要であり、その名にふさわしい文学作品だ。

中世のスカンディナヴィアはまた、すばらしい芸術も生んだ。ケルトの組みひも紋様と呼ばれる、絡み合ったような渦巻き装飾と様式化された動物は、アイルランドの『ケルズの書』(9世紀初め) とイングランドの『リンディスファーンの福音書』(720年ごろ) のものがよく知られている。しかしながら、スカンディナヴィアの同様のアートからは、それらがどれほど芸術として高く評価されていたかがわかるのだ。そうはいっても、かの美しい『福音書』が作られてから70年後の793年、ヴァイキングがリンディスファーン修道院を襲撃して破壊してしまった？　たまにはそういうこともあろう。

いわれてみれば、ヴァイキング時代が終わってからのノース人がよくなったとはいえないのかもしれない。中世盛期、ノース人の領主の一部は北方のサーミ人から金を取り立てるようになった……いわば「みかじめ料」である。

となると……とにかく「ヴァイキングが善人だったことはない」としておこう。

さて、ここからは、それがどうしてヴァイキングのためになったのか、そしてなぜあなたのためになるのか、という話だ。

中世ヨーロッパのできごとはイングランドかフランスに影響を与えるまで問題にならないため、ヴァイキング時代は、ヴィキンガーがエディンバラから少し南東に離れた沿岸部を初めて、かなりの程度まで破壊した793年に始まった。それでも、スカンディナヴィア半島のさまざまな集団は干渉しなかった。820年までに、襲撃隊はフランスまで足を伸ばし、セーヌ川を下ってパリへ向かっていた。840年までにはイベリア半島にたどり着いた。フランス、キリスト教徒のスペイン、そしてアンダルス［イベリア半島のイスラム地域］の作家たちが恐れおののいたのもよくわかる（じつは、842年までにヴァイキング集団はイベリア半島をほぼ失いつつあったが、それはひとまず置いておこう。蛮族はあなたに負けるまで負けないことになっている）。

900年ごろにはすでに、ノルウェーとデンマークのノース人集団が、イングランドとフランスのかなりの地域を略奪して支配下に置いていた。すると、不意に「もう十分奪ったのでは？」という疑問が生じたと思われる。なぜなら911年ごろ、ほかのことでは知られていないロロ（860〜930年ごろ）という名のヴァイキングのリーダーが、カロリング朝の皇帝「ずる賢くないシャルル」（冗談ではなく）と取引を結んだからだ。どうやらその協定はロロに……すでにロロの支配下にあった領土を与えるかわりに、その土地を他国の襲撃から守るよう求めたようである。

ロロの子孫とシャルルの後継者とのあいだで交わされた協定をもとに、ヴァイキングは政治手法で支配領土を広げた。取引にはキリスト教への改宗までが含まれていた。ヴァイキングといえば、教会や修道院に火をつけて略奪することでよく知られていたが（もしかすると修道士や修道女が記録を残す存在だったからかもしれない）、ロロは教会に金や土地を寄付した。

ノルマンディーのヴァイキングがフランス人になったというわけではない（911年時点で

の本当の「フランス人」とはなにかがわかればの話）。彼らは新たな臣民にスカンディナヴィアの法を押しつけ、徐々にノース語を地元の語彙に浸透させた。よって、ノルマンディーのヴァイキングはまだ、ヴァイキングだ。彼らはあらゆるものを奪い取った。ただ……政治や異民族間の結婚を通して奪うことが多くなり、奪うだけでなく与えることも始めた。要するに、彼らはヴァイキングだが、もはやヴィキンガーではなくなったのだ。蛮族が蛮人でも族でもなくなったのである。

なので、赤毛のエイリーク［ノルウェー、アイスランドの探検家、ヴァイキング］よ、ヴァイキング様式の墳丘墓で嘆くがいい。シャルル王は西ヨーロッパ随一の恐ろしい敵を対等に扱い、ひいきにした貴族に裏切られて、牢獄で死去し、ずる賢くないシャルルとして追悼された。けれども、自分が支配してもいない土地を蛮族に与え、自分の宗教を取り入れるよう相手を説得することは、型破りではあるが敵を打ち負かす戦略であることを認めねばなるまい。

魔人を出し抜く

そうそう、あなたは一文無しである。

旅は中世でできることのなかでもっとも金がかかるものごとだ（1250年に国王の身代金としてフランスの国庫の3分の1を費やしたことを除けば）。あなたはここまでかなり長い旅をしてきた。よって、一文無しである。

勇者が自分のために金を盗んだりしないことは、あなたもしぶしぶ認めているはず。それにどういうわけか、勇者は1～2週間休暇を取って、純粋に収穫のために農場で季節労働をすることもない。なのであなたは、魔人にとって格好のカモになる。

ストーリーの進行は知っているだろう。あなたがランプを見つける。ランプには何者かが住んでいる。ランプのその幽霊のような住人は3つの願いをかなえようと申し出る。ところが、その幽霊はあなたのリクエストを歪曲《わいきょく》する方法を考え出して、あなたは金持ちになるけれども死んでしまう。もちろん、あなたがその魔人に、自分が望むものをきちんと与えさせる方法を見つけられなければの話だが。

中世はヒントになるはずだ。ジンは近東の民間伝承に古くから伝わる精霊である。けれども、願いをかなえてくれるおなじみのランプの精「ジーニー」の説明――と、その精霊が持つといわれる力――は、（含まれている物語は1001話よりずっと少ない）『千一夜物語』のひとつ、「アラジンと魔法のランプ」にある。作品集である『千一夜物語』のさまざまな物語は古代インドまでさかのぼる文化にルーツがあるが、本の大半は中世初期のアラビア世界の創作物だ。

……ただ「アラジンと魔法のランプ」だけは例外である。この話は1700年代のフランスで初めて『千一夜物語』に登場した。さて、1700年代のフランスといえば、パンが足りない、ギロチンの危険があるなどいろいろいわれているが、中世ではないことだけはまちがいない。

ということで、あなたが魔人を出し抜いて、命を落とすことなく金を全部手に入れようと思うなら、ジンにまつわる中世の物語以外にもヒントを見つけなければならない。

ほかにヒントを求めなければならない理由

本当に中世の『千一夜物語』にある「怠け者のアブ・モハメッド」を見てみよう。アブ・モハメッドはその暮らしぶりから「怠け者」とあだ名をつけられていた。どれほどぐうたらだったのかというと――金が必要になったときに、自分の持ち金をほかの男に渡して、確実に増やす方法を探してこいと命じたのである。金を渡された男が持って帰ってきたのが、驚くまでもなく、姿を偽ったジーニーだった。そして、怠け者はジーニーの力をうまく操り、ジーニーは彼をカリフと同じくらい金持ちにした。

もちろん、自分を金持ちにしろと他人を働かせたことと実際に金持ちになったことのあいだに、この怠け者と呼ばれた男は、砂漠を抜け、白ヘビを助けるために茶色いヘビを退治し、宇宙へ旅して、海に落ち、中国のほうまで航海して、伝説の都市を訪れ、魔法の剣を手に入れて、街に忍び込み、柱を登って、ハゲワシにジャコウの香りをふりかけた。そして、白ヘビの家族と友だちになってからようやく大勢のジンの力を操れるようになった。表向きは、人間が勝ったことになっているが、最初のジーニーがもはや怠けることのない怠け者を出し抜いたと考えられなくもない。

あなたにはすでに、倒すべきドラゴンと、(救出されるかどうかは別として)助け出すべき王女がいる。勤労の価値を伝える宗教的な道徳劇のスターになっている暇はない。

作戦1――魔人を避ける

最初から相手にしなければ、出し抜く必要はない。ということで、ランプを見つけたら溶かして金塊にして売ってしまおう。

そもそも、誇り高き魔人が大きなランプになど住んでいるものか。ただし、この作戦を用いる場合、あなたは命は落とさないが資金はすぐに底をつく。

作戦2——自衛する

魔人と交渉する前に、まず自分の周囲に魔法陣を描いて、魔人の策略にひっかからないよう守護の呪文を唱えておこう。

とはいえ、誇り高き魔人が、あなたの魔法陣がちゃんとした円ではなく歪んでいると教えてくれるかもしれない。楕円《だえん》の魔法陣などあっただろうか？

作戦3——願いをふたつでやめておく

魔人があなたの言葉をねじ曲げて解釈し始めるのは、たしか3つの願いが全部かなえられてからだ。ならば、願いをふたつに絞って、うっかり「もう、あいつらやめてくれればいいのに」などとつぶやいてしまわないように気をつければいいだけだ。

それでも、あなたは吟遊詩人を連れて旅している。いつか必ず、やめてくれといってしまうにちがいない。

誇り高き魔人がその願いを歪曲したらどうなるだろうか?

作戦4――魔人のおかぶを奪う

魔人との契約を書き留めるのは最悪な気がする。あなたの言葉をねじ曲げるにあたって最適な方法はなにかと、魔人がその記録を参考にするのだけは避けたい。そうはいっても、あなたの願いを文字にしておけば、魔人の歪曲を防ぐための証拠になる。中世の正しい指導を仰げば、あらかじめ魔人がねじ曲げそうな言葉を避けて、あなたが契約を書き上げることができる。ただし、「冥界の女帝」の力を借りてしまうと、あなたの言葉ではなくなってしまうので注意が必要だ。

いい機会だから教えておこう。中世のキリスト教世界では、やさしくて慈悲深い神の母、聖母マリアは、剣を振り回す悪魔殺しでもあったのだ。

十字架にかけられて死に、地獄に下りて死を打ち負かし、みずから復活した神の子を、この世にもたらしたという比喩的な意味だけではない。本当に剣を手にして、本当に悪魔を退治しているのだ。本、劇、ステンドグラスの窓――いわば中世のコミック本――のなかで。

魔人を出し抜くにあたって、あなたはマリアがテオフィルスを救出した話を知りたいにちがいない。困難に陥ったこのアナトリアの司教の伝説は、誕生してから1500年のあいだにさまざまな形に変化してきた。ここでは中世でいちばん知られていたバージョンを使おう。

テオフィルスは司教かなにか教会のえらい人だったが、突然その場でくびにされ、影響力と収入を失ってしまった。その後の彼の行動から察するに、免職にはまったく根拠がないとはいえないようである。なぜなら自分の力と富を奪い返そうとしたテオフィルスは悪魔を呼び出し、自分に残された唯一のものを売ったからだ。魂である。

悪魔はずる賢かった。テオフィルスに、生きているあいだの富と引き換えに死後に魂を渡すと約束する誓約書に署名させ、印を押させた。そうして悪魔はその文書を手に、ぬかるみにもぐって地獄へと戻っていった。

物語は束の間そこでふたつの説に分かれる。司祭たちの話では、テオフィルスはすぐさま精神的な絶望に追い込まれた。司祭以外の人たちの話では、テオフィルスはたちまちのうちに教会組織で昇進し、それに見合う金を手に入れ（て、消費し）、それから精神的な絶望に追い込まれた。

彼は力を振りしぼって、神と罪深い人間との究極の仲介者（つまり強大な力を持つ聖人）である聖母マリアに助けを求めた。神の母であり慈悲の母でもあるマリアは当然、自分で地獄行きを決めてしまったその男の肩を持った。そしてマリアは、テオフィルスの誓約書こそが契約の実体であることを見抜いた。簡単にいえば、テオフィルスの魂が、実際の存在に守られて実際の場所にある実際の物体になったということである。

そこでマリア——救世主である息子のほうではなく、マリアその人——が実際の地獄に下りていって、一騎打ちで悪魔と戦い、誓約書を取り戻した。テオフィルスの魂は救われ、天の女神は中世後期のただならぬ称号「冥界の女帝」を獲得した。

司祭たちが語る話では、重要なポイントは、「仲介者」としてのマリアの力と、絶望に陥ったときに神を頼ることについての正しい教えだった。司祭以外の人たちが語る話では、重要なポイントは、マリア——天の女王、穏やかで慈悲深い母——が剣を手に取り、地獄に下りて、テオフィルスの誓約書を奪い返し、悪魔をやっつけたことだった（出典はここでも中世のコミック本、ステンドグラスの窓）。

したがって、自分の願いを書面の契約にすれば、事実上その力を小さな文書に閉じ込めることができる。言葉をねじ曲げられないように相手の裏をかく手段を、実際の力というアリーナに移すことができるのだ。それでも、文書の所持をめぐって魔人と戦う必要はある。けれどもあなたは剣を持つ勇者だ。文言をめぐるバトルではない実際の戦いは、どこかの短命な精霊ではなくあなたの守備範囲である。たとえ冥界の女帝が味方についていなくても。

作戦5——必ず代替案を考えておく

文書による誓約という作戦を用いる最大の利点は、勇者がクエストで成功させなければならないほぼすべてのものごととは異なり、ほとんどもとから備わっているといっていいほどの代替案があることだ。

悪魔はたしかにあなたに読み書きを教えた。そうしなければならなかったのは、中世の農民の識字率がほとんどゼロに等しかったからだ。けれども中世後期には、役所の文書が普及して、農民たちは地主や領主が示すさまざまなものに署名しなければならなくなった。そこで、読み書きのできない人々は自分の名前を書かずに「X」で代用した。

つまりだ。魔人と誓約書を書くなら、必ず書記を雇って誓約を書かせ、自分は悪魔と出会う前の識字能力しかない若き日々に戻ること。すなわち、大きなXで「署名」するのである。Xであれば、実質的にだれが書いたかわからない。

もう、だれも自分の筆跡がわかりませんようにと願う必要すらない。

そのような願いは最悪の事態をまねきかねない。

ユニコーンを見つける

勇者のクエストには必ず、ほとんどの望みが絶たれたかに見えるときがやってくる。すべての望みが断たれるのではない。そこまできわどいピンチはたいていクエストのもっとあとでやってくる。そうなれば、たんなる幸運を誘い込むだけではどうにもならないだろう。でも、今あなたが希望を失いかけていて、ちょっとした幸運を望んでいるなら――少し横道にそれて一角獣《ユニコーン》を探してみてはどうだろう?

まず、できないことについて述べておく。中世のキリスト教神学者が断言しているところによると、ユニコーンはとても力強く、人になつかず、こちらから見つけることはできない――ユニコーンのほうから寄ってくるのだ。具体的にいうと、ユニコーンは処女のもとへ歩み寄り、彼女らの膝に頭をのせるのである。

けれどもあなたと同行者たちには、じっとすわってユニコーンを待つ時間も、処女と寝たと吹聴《ふいちょう》している村のいじめっ子をわなにはめ、うそを暴いて、からかう時間もない。そしてあなたには、神学者による伝説の次の部分――すなわち、おとなしいユニコーンが処女のひざで眠りに落ち、処女がおとなしく鼻を寄せてくるユニコーンを近隣の城へ連れていって、そこで殺させるという部分――を実行する悪役もいない。

実際、あなたが自分でユニコーンを探すのがだれにとってもベストである。

ユニコーン狩りをハッピーエンドにするには、3つの原則を心に留めておく必要がある。

1 探す相手を知る

「ウニ・コルヌス」が「一本角」のラテン語であることはなんとなくわかる。実際、ユニコーンに関するラテン語、アラビア語、ヘブライ語の文献では、その動物には先端へ近づくほどとがった1本の角があると描写されている。しかし、そこから先は……

西ヨーロッパの自然主義哲学者たちは、ユニコーンの体はヤギの姿をしていると想像した(あごひげがある)。近東の作家たちは、ユニコーンは早産で生まれたラクダで、その角は胎児が固まる前に産み落とされたために生じたと表現している(中世の科学だ。受け流そう)。あるヘブライ語の冊子では、下あごと鼻に角がある雄牛のような動物について言及されている(ひげのようなものはあるが、それ以外はヤギではない)。

これで動物学的理論とはあきれる。あなたには実際にユニコーンを見た人間が必要だ。すなわち、マルコ・ポーロである。

ポーロは実在した人物で、おそらく実際に——本人とそのゴーストライターであるルスティケッロが主張しているように——イタリアから（ほかならぬ）スマトラ島へ赴き、また故郷へ戻るという旅をした。そのスマトラ島で、彼はユニコーンを見た。そして、じつに不快な生き物だと考えた。

ポーロとルスティケッロによれば、ユニコーンはほぼゾウのような大きさで、水牛のように醜く、短く太い角があって、ぬかるみや泥のなかを転げ回るのがなにより好きだった。でもそれは……

サイだ。マルコ・ポーロはサイについて語っている。

あるいは、中世の作家たちが述べているように、ギリシア語では一角獣《モノセロス》という名で知られていたサイというべきか。

うれしいことに、ベルトランドンによるシリアとアルメニアのヤギの世界観は、あなたが思ったとおり無関係だった。だが、悲しいことに、ポーロの証言が使えないとなると、あなたが探そうとしているユニコーンが実在していた証拠をほかに見つけなければならない。

2　まがい物にだまされるな

魔法の力や治癒の効果があるとうわさされていたユニコーンの角は、中世後期のヨーロッパで高値で取引されていた。いや、ひょっとすると、うわさだけではないかもしれない。こんな話がある。ロレンツォ・デ・メディチ（1449〜92年）は、ユニコーンの角を手に入れるためなら6000フロリン金貨を払っても惜しくないと思っていた。弟はちがった。そして弟は24歳のときにロレンツォを狙う人々の手で暗殺された。ロレンツォは安らかに自分のベッドで死んだ。一方、ヨーロッパの君主たちはみずからの経験に照らし合わせて、ユニコーンの角にあるというそれよりずっと具体的な効能を信じていた。粉にして飲み物に混ぜれば、角は暗殺者の手によるいかなる毒薬も中和する、と。

かくして、中世にユニコーンなど存在しなかったにもかかわらず、中世の人々は自分がユニコーンの角を持っていると信じていた。あなたは同様の……まがい物にだまされないように、しっかりと用心しておかなければならない。

粉末にされたユニコーンの角を避けるのは簡単だ。その粉がすりつぶされた石以外のものである可能性はほとんどゼロだからである。実際、あなたは勇者で、大勢の邪悪な存在がためらうことなくあなたを殺そうとしているのだから、その粉末は解毒薬ではなく毒薬である可能性が100パーセントだ。

けれども、ロレンツォはたしかにユニコーンの角のように見えるなにかを持っていた。あなたがクジラに詳しいグリーンランドのトゥーレ人だったなら、もうわかるだろう。イッカクの牙である。

専門的にはイッカクの歯（本当に）であるその牙は細長く、先細りで、らせん状の溝がある。つまり、西ヨーロッパの画家たちが描いたユニコーンの頭のてっぺんにある角とまさに同じ形だ。そして、もしあなたがトゥーレの狩人なら、イッカクの牙をノース人の商人に売りつけるだけでひと儲けできる。

あなたがトゥーレの狩人ではないなら、バフィン湾とロレンツォがいたフィレンツェのあいだのどこかで、だれかがイッカクの牙を買ってユニコーンの角として売ったのだ。しっかり覚えておこう（あなたはそんなことはしないはず）。

3　適切な場所に目を向ける

そうはいっても、ユニコーンの角を持っていたロレンツォ・デ・メディチは暗殺されかかっても未遂に終わり、けちな弟は死んだ。たとえそれが本質的に魔法のプラシーボ効果［偽薬でも本物だと信じていると効果が出ること］だとしても、ひょっとするとイッカクとサイをユニコーンに近い存在とみなしてもいい可能性もある。

それでもまだ問題が残っている。それは、安全に近づけるかどうかだ。特に、先に述べたイッカクにたどり着くために北極海を泳ぐところなど。

よって、安全に狩りをするならグリーンランドとスマトラ島をチェックリストからはずして、いよいよ世界の果てのほかの場所に目を向けよう。具体的には、１４１４年以降の中国、ベンガルのスルタンからキリンを贈られた皇帝がいる明朝の宮廷である。

ベンガル――のちのインド北東部とバングラデシュ西部――には、アフリカのような広大なサヴァンナはない。けれども、スルタンは長い距離を（ことによるとアラビアの宮廷動物園、あるいはもっと可能性が高いのはアフリカ南東部にあるスワヒリ都市国家のひとつへ）旅して、中国に渡す特別な外交上の贈り物を手に入れていた。

中国側の熱烈な歓迎ぶりからみて、ベンガルの努力は報われたようだ。キリンはそれから１世紀経ってもまだぜいたくな芸術品に描かれ、幾人もの貴族がキリンの詩を書いた。なぜそこまでもてはやされたのかは、ほぼ3世紀にわたる中世と近世初期の中国史にまつわる途方もない規模のスクラップブックとでもいうべき『明実録』のページをめくればわかる。キリンは１４１４年にベンガルから贈られたほかのギフト、つまり、馬、美しい織物、地元の珍味のリストの一部として整然と述べられているだけだ。ただし、役人はそれを「ズラファ」（アラビア語でキリンを意味するズラファの中国語訳）とは記さなかった。「麒麟《チーリン》」と書いたのである。

麒麟《チーリン》は伝説上の生き物で、中国の民間伝承では幸運と結びつけられている。さまざまな姿で描写されているが、鹿の体、馬のひづめ、牛の尾、魚のうろこなどを持ち……そう、角が１本ある。

実際、麒麟《チーリン》には文字の上では「一本角」という意味はない。古代中国詩を見ると、その名には「雌のリン」という意味深い語源があるようだ。けれども、描写という点ではサイよりもはるかにユニコーンに近い。

まずは、誤解されてばかりでかわいそうなサイに同情しよう（ただし、安全な距離から）。それから、中国人が初めて見る動物をユニコーンと訳したと知っておこう。

彼らはキリンが本物の麒麟《チーリン》だと信じていたのだろうか？　それとも見たこともない外国の動物になんらかの意味を持たせようとしたのだろうか？

なんだかんだいって、どちらでもいいのである（正確にいうなら、資料からはわからない）。あなたが求めているのは幸運と気晴らしだ。それに、中世の中国にいたキリンよりおもしろいことがあるではないか。

埋められた財宝を掘り出す

1544年5月のアウクスブルク。司祭が本を読み上げながら吊り香炉を振るのに合わせて、背の高い女が剣で地面に円を描いた。なにが起きているかを十分承知していたその家と庭の所有者レギーナ・コッホは、室内で友人とともに見守っていた。女はろうそくを手に円の周囲を歩き、地面に聖水を振りまいた。それから別の場所へ歩いて行くと、地面に剣で線を引いてその横に座った。

女は自分の小さな本からなにかを読み上げると、繰り返し十字を切って、背後に立っていた男衆になにかを始めるよう命じた。彼らは聖書の言葉をいくつか唱えて……地面を掘り始めた。

背景を少し。1544年5月のアウクスブルクはカトリックとプロテスタントに分裂し、ほかの場所には見られないほどの宗教的な熱気で騒然としていた。最悪の魔女パニック——150人が処刑された——はもう目前に迫っていた。おせっかいな隣人によって街の役人に密告されたコッホとその共謀者たちを、どれほど恐ろしい運命が待ち受けていたことだろう。

ニュルンベルクのソフィア・ヴォイトと判明した背の高い女は家に送り返され、コッホは牢に入れられたが恩赦され、地面を掘った男たちは4～8日の謹慎を命じられた。判事たちがこのできごとを迷信だ、凶悪だといくら非難しようとも、与えられた罰は正反対のものごとを物語っている。

中世の世界ではどこでも、埋められた財宝のイメージが、宗教と魔法、科学と儀式、希望に満ちた夢と失われた魂のあいだのあいまいな領域に宿っていた。もちろん、神秘的な伝承と強欲のあいだにも。要するにそれは、そもそもあなたに勇者になりたいと思わせたようなものごとである。

財宝の誘惑にはだれもが負ける。あなたを含め、欲にまみれることなどけっしてない勇者であってもだ。中産階級の未亡人だったレギーナ・コッホは、あなたとはまったくちがうが、魔法使いに裏庭を掘らせ、発見した財宝をみなで山分けすることにしていた。はるばるインドから航海した冒険者は、大ピラミッドに眠るといわれるありもしない財宝を掘るはずだった（この冒険者もあなたとはまったくちがう。特に、おそらく実在しなかったという点で）。貧困に苦しむ男たち（実在）は、裕福なカイロの住民に遠征の資金を出してほしいと頼み込んだ。

修道院やマドラサ［イスラムの高等教育機関］にぬくぬくと腰を落ち着けていた学者たちも例外ではない。イベリア半島からエジプトにまで離散していたユダヤ人の作家たちは、宝探しのマニュアルをアラビア語からヘブライ語へと書き移した（宝探しマニュアルがあったといわなかったか?)イングランドの司祭、ケットンのロバート(1110〜60年ごろ)は、占星術に基づくいくつもの宝探しマニュアルをラテン語に訳した。エジプトの貴族は、自分たちの代わりにピラミッドを略奪させようと、読み書きのできない日雇い労働者を使った。

そして、中世のエジプトでは、財宝探しは組織化された職業だった。

古代エジプト王朝の末期にはすでに広く行われていた政府公認の墓荒らしは、中世になって新たな役割を得ていた。10世紀の指導者たちがそれを「探究者《シーカー》」のギルドのようなものに仕立て上げたのだ。いわばその「ギルドのようなもの」を通して「政府が税を取り立てられる」ようにしたのである。

中世の探究者にとって、古代の財宝はもちろん金銀だけではなかった。すでに長いあいだ略奪されてきた墓には、金になりそうなミイラの残骸もあった(死者の眠りを妨げても平気なら)。なにしろ、ヨーロッパのキリスト教徒は、極東のスパイスと同じくらいミイラに夢中になっていた。そして、古代の魔法の本は山ほどの財宝のありかを示している可能性があった。「古代の埋められた財宝」はまた、古いものと埋められていたものだけともかぎらなかった。エジプトにいた宗教のエリートたちはみな、たがいにきらめく贈り物を気前よく与え、さらに多くのきらめくものを自分の家に飾っていた。そうした驚くほどの富の源について人々がうわさし始めるまでに、たいした時間はかからなかった。

それでも、中世の宝探しが成功する確率は低く、死者が出る確率は高かった。悪魔などいないとあざ笑っていても、人間の手で仕掛けられたわながあるかもしれない。バグダードの懐疑論者アブ・バクル＝ジャッサスは、階段で守られた礼拝堂と霊廟《れいびょう》について語っている。その階段を上ると一連の仕掛けが発動して、不運な探究者に向かって隠されていた刃《やいば》が飛び出し、首をはねる。

ということで、埋められた財宝を探すときがきたら、その時代の占星術に基づく計算や魔法のお守りを慎重に選ぼう。呪いがかけられた川や湖を渡るときには、イブン・アル＝ハジ・アル＝ティルムサニ・アル＝マグラビが述べているような近道（しかも神聖な！）を通ろう。クルアーンの次の1節を、ひとつのマス目に1単語ずつ入るよう魔法の表に書き出すのだ。「言ってやるがいい。あなた方は考えないのか。もしある朝、あなた方の水が地下に沈んでいたなら、湧き出る水をあなた方にもたらすのは、一体誰なのでしょうか？」[9]

あるいは、あなたに本当にやる気があるなら、アル＝マグラビのもうひとつの提案にしたがうといい。47日間祈り続け、ライオンを連れた幽霊と、犬の頭をした人間の幽霊と、緑色のものを身につけている70体の幽霊をなんとかすると、あなたは丘の上で輝く真っ白な街が見える

9　Q67:30, trans. M.A.S. Abdel Haleem's translation from the Oxford World's Classics edition. 訳文は『クルアーン―やさしい和訳』（水谷周、杉本恭一郎訳、国書刊行会、２０１９年）より引用。

ようになる。あなたが城の入り口にある緑色のシルクのテントへ赴くと、そのなかに黄金の玉座がある。

すると、アル＝タオウスという名の男が現れる。彼のそばには白装束の70人の男たちが、頭上には善と悪の両方のジンが控えている。彼に香を差し出すと、彼はそれを燃やし、白装束の男たちがそれを食べる。そうしてようやくあなたは、アル＝タオウスにあなたが求めている秘密の知識について尋ねることができる。言葉をまちがわないようにしよう。「アル＝タオウス王よ、岩を裏返し、洞窟や家やほかにもわたしの望む場所すべてを開く秘密をお教えください」[10]

そのときから王は、ジンに食べさせる香さえ焚《た》いていれば、あなたが呪文を唱えたときに、いつでもどこでもあなたが望むものを、善と悪の両方のジンに命じて開けさせるようになる。世界の秘められたものごとはすべてあなたのものだ。残る疑問はひとつだけ――なにを代償とするのか？

精霊や悪魔は人間の言葉だけで縛ることはできないと、中世の名高い学者たちは述べている。悪魔は人間に呪文を与えて一時的な力の幻想を見せる。真の意図は、魔女の志願者を意のままに操ることである。レギーナ・コッホの裏庭で円のなかに足を踏み入れたニュルンベルク

10 Okasha El Daly, *Egyptology: The Missing Millennium: Ancient Egypt in Medieval Arabic Writings* (UCL Press, 2005), 36–37.

の背の高い女に聞いてみればいい。それより２００年前、あるスペインの司祭は、本当に手綱を握っているのはだれかを隠しもせずに、悪魔に祈りを捧げている。「呼び出された悪魔を崇《あが》め、敬うことを知らしめよ。大地に円を描き、そのなかに少年を入れ、少年の近くに鏡、剣、器ほか小さなものを置く。魔術師は本を持ち、それを読んで、悪魔に願うのだ」[11]

魔法陣を描き、黒呪術の言葉を唱えたドイツの魔術師たちは、自分たちが財宝を見つける神秘の力を手に入れていると考えた。スペインの司祭は、呪文を唱えることとは悪魔を崇拝することだと率直に認めている。

ということで、あなたが財宝を掘ったあと——ではなくて掘る前に、自問しよう。あの日、レギーナ・コッホの裏庭でなにが起きたのだろう？　自分は本当に知る覚悟ができているのか、と。

11　Michael Bailey, "From Sorcery to Witchcraft: Clerical Conceptions of Magic in the Later Middle Ages," 136 *Speculum* 76, no. 4 (2001): 972. Cait Stevenson, "The Necromancer, the Inquisitor, and the Hunt for Buried Treasure in the Late Middle Ages," *Medieval Studies Research* Blog, University of Notre Dame, October 16, 2020, https://sites.nd.edu/manuscript-studies/2020/10/16/the-necromancer-the- inquisitor-and-the-hunt-for-buried-treasure-in-the-late-middle-ages/. で比較して論じている。

炎と戦う

464年、本当に老婆がろうそくを落としたことが原因かどうかは定かではないが……コンスタンティノープルの大部分はたしかに焼けた。532年、二輪戦車のレースが暴動に発展して……またしてもコンスタンティノープルの大部分が焼けた。1203年と1204年、一連の火事で焼け落ちたコンスタンティノープルの面積は3分の1に届かなかったけれども、ローマカトリック教徒の侵略によって街全体が征服された。

もちろん、火そのものは必要不可欠だ。そして中世では裸火があたりまえだった。イングランドの1羽のニワトリが、きわめてありふれたわらの床にろうそくを倒したなら、その晩その古い街は大騒ぎになっただろう。

中世の人々が介入しないかぎり。

むろん彼らは介入した。そしてあなたも介入する。

ラッキーなことに、彼らが残した消火の方法はおなじみの方法にかなり近い。

1　消灯令

寒さは別として、明かりを消してふとんにもぐらなければならない夜にいらいらしたことはあるだろうか？　聖なる女性（列聖されていない）アグネス・ブランベキン（1316年没）もまさしくいらついた。けれども彼女はおとなしくウィーンの消灯令――消灯令を意味する中世の英語とフランス語cuevre-feuは、夜「火にふたをする」時間という意味――にしたがった。裸火を放置してはいけない。

2　ゾーニング法

木製家具を販売する大工の隣に鍛冶屋の工房があるのは、あまりよろしくない。街の通りの名前を見ると、かつてそこに同業の職人が集まっていたことがわかる。イスラムの神学者たちはそうした区域分けを法律として制定しようとしたが、神学者が街を動かしているわけではない。集まって暮らすことが得意な職種もあったとはいえ、結局ほとんどの人は金持ちと貧乏人に分かれて暮らした。ということで、1500年ごろまでには、アウクスブルクにパン屋《ベイカー》通りがあっても、その3分の1はパンではなくビールを作るか売るかしていた。

3　建築基準法

「通り全体が燃えている！」と聞くと、あなたはおそらく立ち並んだ建物が燃えているようすを思い浮かべる。ちがうのだ。中世ヨーロッパでは、それは文字どおり道が燃えていることを意味した。街が道路の舗装に木の板を使っていたとなれば、特に。1476年に苦い教訓を得たノルウェーの街は木製の舗装を砂利に変え始めた。ダマスカスの街は、屋内の脅威に備えて建物に石造りの煙突をつけるよう要請したばかりか、主要な市場を石で囲み、覆うための費用を出すことまでした。

かたや、ヨーロッパの多くの人は屋根をかやぶきにした。絶対に燃えないといううわさだったからだ。

4　消火器

基本的に中世ではどこでも、つねにバケツの水をドアのそばに置いておくことが求められた。鍛冶屋は火事を起こしやすく、大工の店は燃え移りやすい。1321年のカイロでは、それらの店主にバケツの水をふたつ置くことが義務づけられた。

バケツが空になると、住民たちは必死で祈った。コンスタンティノープルの464年の大火では、ギリシア正教のキリスト教徒が、守護聖人をおろそかにしていたことに対して神の赦しを受けようとした。カイロの市民はモスクへ逃げ、塔に上り、大声で神に助けを求めた。

5 消火

1軒の家が燃えている。おそらくもう手遅れだろう。でも隣家への延焼を防ぐ時間はあるかもしれない。中世後期のニュルンベルクの人々ははしごを上って、建物の1階だけでなく、上階にもバケツの水をかけた。もっともそれはすべてがうまくいった場合である。たいていは、ダマスカスの人々のように屋根材の葦《あし》をはぎ取るか、イングランドからエチオピアまでのだれもがやっていたように家をまるごと取り壊した。家々の多くが数百年は耐えられる強度で建てられていても、関係なく。

6 消防士

中世の街では、ひとたび火事が起きるとものすごい勢いで街全体に広がった。中世という時代を通して、ほとんどの世界では、消防士の仕事は現場で「今日は家を燃やしてしまいたくない」と「今日は身の回りのものを持って逃げよう」のどちらにするかを決めることだった（1117年に図書館を救ったバグダードの学者たちは真のヒーローだ）。

シリアやイタリアの都市には、若い男たちのあいだに自然にできあがった集団（ギャング?）があり、街で火事があったときに消火活動をしたともいわれている。そうでもしないと、火をつけたと非難されたからかもしれない。彼らは権威に逆らう10代の若者だったのか、それとも政治的強硬派の民兵だったのか？　後世の学者たちがさまざまに持論を展開している。

1400年代ごろまでにドイツの都市は大きく改善されていた。ニュルンベルクは消火活動と防衛の区分として8つの区域に分けられ（……街がずいぶん大きくなった）、それぞれの区域の隊長が健康で丈夫なすべての男性にそれぞれの役割を与えて消火活動を分担させた。街は最初にかけつけた人々やチームに褒美を与えた。この制度がうまくいったのは、たぶんそのおかげだろう。

7　水

中世の水力学はといえば……実際かなり進んでいた。ドイツの山の上にある城は川などの流水を用いることはできなかったが、考えられないほど深い井戸を掘り、初歩的とはいえ、その地下水を濾過《ろか》していた。丘の多いイタリアの街は周辺の丘へと水平方向に井戸を掘り、高い場所までポンプで汲み上げることなく地下の帯水層から水を引いていた。

都市が拡大すれば、水を広い地域に届ける必要が出てくる。税金を使った水道管工事はすばらしい方法だった。ヨーロッパの古い都市には今でも、ローマ時代の機能的な水道管が受け継がれている。一方、イエメン、シリア、スペインのイスラムの技術者たちも、水道として使う新たな灌漑システムの開発に精を出していた。人々はなおも自前の井戸を好んでいたが、1200年代までには、近代的な街に鉛、粘土、木の水道管は欠かせないものになった。

8 消火栓

「飢えては食を択《えら》ばず」という言い習わしは、金持ちの代わりに金をもらってニュルンベルクの消防団の仕事をしていた下層階級の労働者たちにとって、まさに自分たちのことだった。その言葉は消火用の水源にもあてはまった。公衆浴場が消火のための水を提供することを義務づけられていたのだ(入っている人はどうなるのだろう?)。井戸は便利だが時間がかかる。フライブルクやチューリッヒなどの街では特に、消火に汚れた水を再利用することが推奨されていた。

だが、最適だったのは噴水だ。

実際、中世の文献にある「噴水」は、なんらかの形で水を出すただのパイプを指していることもある。そしてそうした大きな噴水は消火活動に大いに役に立つ——事実、役立てられていた。けれども、ただの新しいタンクつきパイプだけなら、シエナの街が1343年に大きな祭りを開くことなどなかったはずだ。住民が祝っていたのは、街の広場に、しばらくのあいだだけだったとはいえ古風なヴィーナス像まで飾られた、大きくて豪華な噴水がとうとう完成したためだった。ドイツのゴスラーでは12世紀の噴水の上に青銅のワシ——力、帝国、復興を意味するローマと中世のシンボル——が飾られた。アーヘンの宮殿には松ぼっくりの形をした青銅の豪華な噴水があった。松ぼっくりはじつは復興を表すふたつ目のローマと中世のシンボル……だが、わかるように、皇帝たちはいつもワシを象徴に選んだ。

9　ホースと消防車

水源がなんであっても、炎に十分な水をかける手段は実質的にふたつしかない。手押し車にバケツをのせて運ぶか、自分で運ぶかだ（ニュルンベルクの金持ちが金を払って貧しい人に肩代わりさせたことを覚えているだろう?）。

10　水風船

そう、消火にははしごが欠かせない。バケツは便利だし、水を入れ直すことができる。それでも、素焼きのつぼに水を入れ、燃えている家に向かって投げて、つぼが砕け散るのを見たくはないか?　見たいに決まっている。

11　消火後

街区がまるまる焼け落ちるのを見るしかない、あるいは必死でそうならないよう戦っていた人々の心に、異教のシンボルである松ぼっくりが浮かぶことはおそらくなかっただろう。翌日、失ったもの（なにもかも）を嘆き、火をつけた人物（もちろん老婆かユダヤ人にちがいない）についてうわさして、略奪されたとぼやいている（近ごろの若いやつらときたら）人々の心にも浮かばなかっただろう。

しかしその後、１３５０年代になって、ニュルンベルクは１３４０年の火事以来だれも足を踏み入れていなかった焼け野原の市街区に、ユダヤ人を押し込んだ。最後はどうなったと思う？　大きく繁栄した。もちろんコーシャの肉屋つきで。

あなたの手にあるリンゴについてよく考えてみよう。「エヴァとアダムがリンゴを食べて、邪悪な存在を世に解き放った」説に若干問題があることはまちがいない。でもリンゴは小さくて、日持ちして、旅のお供にもなるし、パイにすれば最高だ。もしあなたがそのリンゴを街の果樹園から摘んできたのなら、その木はおそらくかつてそこに立っていた家の灰のなかから育ったものである。火はすべてを破壊しても、けっして勝つことはできない。

いにしえの神々を蘇らせる

伝説の墓荒らしリドワン・アル＝ファラスは知っていた。あなたと同じように。神は死んでから時間が経っていればいるほど、いい。

ここでは神の実在や宗教の正当性は問題にしない。村の人々が信じているものごとが、その時代の宗教だ。むしろ、あまりよろしくないことに、あなたの親が信じているものごとが宗教である。けれども、勇者というものは主流派に抗《あらが》う。勇者は過去の秘密に通じている。宗教によって破壊され、人々から見放された神々とつながっている。あなたの時代に信じられているいかなるものより力のある（もしくは、たんにかっこいいだけの）奥深い真実を知っている。由緒正しい勇者のクエストによって目を覚ました深淵なる神々の力が、勇者の手にゆだねられる。

物語はそんなふうに進むはずだ。

ファラスと仲間たちがギザの大ピラミッドのひんやりとした暗闇へ足を踏み入れたとき、彼らはそれを知っていたにちがいない。少なくともファラスは。ピラミッド内部でいっこうに金が見つかる気配がなかったために、仲間はあきらめて日常に戻ろうとした。けれどもファラスはあきらめない。彼はひとりで歩き続けた。たいまつの明かりが大ピラミッドの細い通路にちらちら揺れる。仲間たちが最後に耳にしたのは、ファラスのおびえたような叫び声だった。

そして、真っ赤に染まったファラスが壁から姿を現した。

ファラスは大声で、彼が知るはずのないピラミッドを建てた人々の言葉で、それ以上先へ進んではならないと告げた。ピラミッドの平穏を乱した者は残らず、永遠の罰を受けるだろう、と。そうしてファラスはゆっくりと地面に沈み込み、二度と姿を見せなかった。

それでもいにしえの神々を蘇らせたいと思うのか？　いいだろう。警告はした。

作戦1――ピラミッドを利用する

ピラミッドを建てたのは古代人か、それとも人智を超えた存在か？　どちらにしても、ファーティマ朝はこれ幸いとピラミッドを有効活用した。強大な力を持っていたファーティマ朝（909～1171年）のイスラム教支配者たちは、新たな都を、川をはさんでギザのピラミッドと向かい合うカイロに築いた。彼らは過去の魔法、財宝、隠された英知のすべてを備えた最大のピラミッドの威を借りて、領土を支配することにした。ファーティマ朝のカリフとその後継者たちは、自分たちの威厳を飾り立てるためだけにいにしえの神々を蘇らせたのである。

幾人かの支配者は「威厳を飾り立てる」ことについてもっと創造力豊かに解釈した。アブル・ハサン・ムニス（933年没）は大ピラミッドの上まで登った最初の人物に賞金を与えることにした。200年後、ファーティマの朝廷はギザのピラミッド周辺で大規模な夜の宴を開いた。1世紀後、アル＝マリク・アル＝カミルはさらに派手に、ピラミッド登り競争と盛大な宴の両方を催した。どうやら、そうした指導者たちにとって、哀れなリドワンの物語は、呪われたエジプトのミイラや墓にまつわる数えきれない迷信のひとつでしかなかったようである。

それでいて、カリフたちはみな、自分たちの宮殿とギザのあいだが、いつも必ずナイル川で安全に隔てられているよう注意を払っていた。宴の催しと川の盾は、いにしえの神々の存在はそのままにしつつ、神々の力が自分たちにおよばないようにするためのすぐれた方法だった。

のちの王朝支配者はファーティマ朝のカリフたちを軽蔑したことだろう。いにしえの神々を蘇らせることなどできはしないのだから、努力しても無駄だと述べたにちがいない。そうした支配者たちは、自分のほうがピラミッドより威厳があるとばかりに、ピラミッドの石をほかの建築プロジェクトに流用した。偉大なるスルタンで将軍でもあったサラディン（1138〜93年）は、その騎士道精神と慈悲深さで人々に——彼に負けたキリスト教の十字軍からさえ——慕われていたが、ギザの小さなピラミッドの破壊を命じた。自分のために新たに石を切り出すよりもそのほうが簡単で安上がりだったためである。後継の支配者たちもそれにならった。かつてギザの訪問者を感嘆させた壮大な石の枠組みは、そうした欲深い支配者たちによって次々にばらばらにされた。

その一方で、ピラミッドも外部からの破壊に抵抗した。サラディンの息子は8か月もの時間と1万2000ディナールの費用をかけて、まだ残っていたギザの小さなピラミッドで父と同じことをしようとしたが、まったくできなかった。

破壊行為は、いにしえの神々を蘇らせる方法には向かない。

作戦2——神々には近づかない

宴、流用、トレジャーハンターによる内部の略奪、落書き芸術家《グラフィティ・アーティスト》による外部の彫り物。あとはなんだろう?

幽霊話だ。幽霊話があったはず。カイロの住人たちは毎日たがいに、黄金の偶像が守っている鍵のかかった部屋、7つの宝石がちりばめられた扉の裏に隠された墓、解読不能な文字で世界の秘密のすべてが彫られている壁の話をしては相手をこわがらせていた。

カイロを訪れたユダヤ人やキリスト教徒はそうした伝承を拝借して、独自の伝説を追加した。ジョン・マンデヴィルの『東方旅行記』は中世のベストセラー旅行ガイドブックだったが、ピラミッドは聖書の英雄ヨセフが建てたサイロだと読者に告げている(ジョン・マンデヴィルはおそらく実在した人間ではなく、ゆえにおそらくエジプトにも行ったことがないという問題はある）。

それでも「ある人がいうには」と実在した作家がささやく。いかにも騎士らしい語り手があたかも真実であるかのように、「［ピラミッドは］かつて生きていた偉大なる領主の墓」なのだと語る。語り手いわく、そうした墓にはたくさんのヘビがうごめいている。そう、やはりヘビがいなくては。身をくねらせて動き回るその悪魔の生き物に守られている古代の墓ほど、読者を夢中にさせるものはない。

ファンが書いたフィクションは、いにしえの神々を蘇らせて操るための最適な方法か、まったくやってみるに値しないか、のどちらかである。

作戦3——ピラミッドを解説する

冒険物語はすばらしい。そのとおり。けれども、中世の世界各地からエジプトを訪れて、実際にその目でピラミッドを見たノンフィクション作家の旅人もたくさんいた。彼らにもいろいろといいたいことがあっただろう。

彼らの作品は、イスラム教、ユダヤ教、キリスト教、ヒンドゥー教、ベルベル人に固有の宗教という枠組みを超えて、説明のつかない人智を超えた力の領域としての、神秘の世界を知るための手がかりになるはずだった。現地を訪れた人たちはギザやサッカラのピラミッドを、世界最大の不思議にふさわしく、計り知れないほど大きいと表現している。ピラミッドを建てた人々がギザのスフィンクスも造ったことは明らかだ。周囲でどんどん広がってあたりをのみ込んでいる砂漠を止めるための、なんらかの偶像だったにちがいない。

けれども、紀行作家らはそうした神秘性をはぎ取ってしまった。いわずもがなである。ほとんどの作家がおきまりの説明を繰り返した。ピラミッドとはじつは飢饉に備えて穀物を保管しておくサイロである――ユダヤ教の聖典、キリスト教の聖書、クルアーンで言及されているサイロだ。イスラム教徒の旅人たちは主張した。ピラミッドの外壁にある解読不能な碑文はイスラム教を説明するためのもので、たんに異なるアルファベットが用いられているだけである。

少し教養のある旅人のなかには、ピラミッドは（まさかの）アリストテレスとアレクサンドロス大王のために建てられた墓所だという考えを広めた者もいた。15世紀のイタリアのラビ、メシュラム・ベン・メナヘムは大胆にも、ピラミッドは宝物庫だと述べた。彼の説明によれば、カイロの街頭でピラミッド（もしくはまがい物）の土産を買えるからだという。

いずれにしても、人々は次々に訪問してはピラミッドの解説をした。そして、どういうわけか、その神秘に包まれた遺跡が、たんなる歴史、宗教、慣れ親しんでいる自分たちの世界の一部として描かれてしまった。いにしえの神々を持ち出すまでもなく。

『ピラミッドの秘密を解き明かす高尚な光 *Lights Lofty of Form in Revealing the Secrets of the Pyramids*』と（本当に）題された本は、その名に恥じない内容になるはずだった。[12] 作者のアブ・ジャファル・アル＝イドリシ（１２５１年没）は、ヨセフと穀物と飢饉の話には感銘を受けなかった。また、アリストテレスがアレクサンドロスと自分のためにピラミッドの建設を命じたという説にも疑問を抱いていた。

イドリシはそれらとは異なる持論を展開した。ピラミッドには世界の終わりを生き抜くための古代の知恵が保管されている、と。奥深く難解な知恵と世界の破壊の組み合わせは「ピラミッドの秘密を解き明かす高尚な光」にふさわしい考え方であるように聞こえる。それだけではない。ピラミッドは、古代バビロニアの賢者ですべてを知り尽くしていたヘルメス・トリスメギストスの命で建てられたものだという。はるか昔に世界から失われて久しい知恵以外に、象形文字にどのような秘密があるというのか？ それを建てた人々が木製のノアの方舟《はこぶね》が助かった大洪水よりもはるかに大きな惨事を生き延びたいと願ったのでないかぎり、なぜ石造りのピラミッドを選んだのか？

ところが、この『ピラミッドの秘密を解き明かす高尚な光』もやはり、水晶玉や文化の盗用

12　タイトルは Martyn Smith, "Pyramids in the Medieval Islamic Landscape: Perceptions and Narratives," *Journal of the American Research Center in Egypt* 43 (2007): 1 の訳による。

の読み物というよりむしろ神学的な論文だった。イドリシの時代よりはるか昔に、イスラム教の神学者が、架空のヘルメス・トリスメギストスという人物をクルアーンに登場するムハンマドの祖先（異なる名前だが）に仕立て上げていたからである。偉人とはいえ宗教的な人間だったのだ。また、トリスメギストスに備わっていた神秘学の知識は占星術と錬金術だった。かなり神秘的で奥深く感じられるかもしれないが、実際には中世のごく一般的な科学である。『ピラミッドの秘密を解き明かす高尚な光』は独創的でみごとな書物だが、じつはありふれた教本でしかなかった。

教本は、タイトルがすばらしくても、いにしえの神々を蘇らせるにあたってはかなりつまらない方法である。

作戦4――ピラミッドを解説しない

しかしながら、ほかにもうひとつ広く出回っていた説――イドリシが隠ぺいを試み、ほかにあえて言及する人がほとんどいなかった話――がある。この説は、ピラミッドは世界の終わりまで存在し続けるとするイドリシの考え方と共通点がある。

また、その説には占星術も、錬金術も、いかなる名前のトリスメギストスも登場しない。代わりに、ピラミッドを建てた人々の秘密は今も、これから先もけっして暴かれることはないと告げている。彼らの知識は永遠に知られないままだ。彼らの素性も判明することはない。すばらしい建造物が残っているにもかかわらず、建てた人々は消えてしまったからである。

そしてここに、中世の人々がピラミッドで宴を催し、ピラミッドを略奪し、ピラミッドの存在を説明するにあたって、それが未知の神々や人々が造ったものとだけは絶対にいわなかった理由がある。そのすばらしい建造物は中世まで壊れることなく残っていた。ピラミッドは人間の知識、職人の技巧、そして繁栄を証明するものだった。中世の作家たちが自分たちの時代では見たこともない高度な技術の表れだった。

それなのに、世界最大の不思議を築き上げたそうした人々でさえ跡形もなく消えてしまった。永遠に残り続けるはずの建造物さえ造れる人々が塵《ちり》となって消えたのだ。つまり、なにもいわないピラミッドは「あなたも塵となる」と告げているのである。

たたかいに勝利する

のろしをあげる

ノルウェー人のレーグンヴァルドがオークニーの伯爵だったころ、そのスコットランド沖の島々にヴァイキングがやってきた。オークニー諸島の人々はためらうことなくのろしをあげた。水平線に輝く炎が島から島へと次々にあがり、いかなる船より、いかなるハトより早く、警告を送った。伝言はすべての人に知れ渡るまで、炎と煙で伝えられた。

そう、まさに、中世の人々はのろしで救援を呼んだのだ。火を用いるのろしは中世ヨーロッパの人々が高く評価していた神話の過去からのもので、トロイア陥落のような、世界を震撼《しんかん》させたできごとを伝えるために用いられたといわれていた。実際、中世ではたいそう重要だったために、ヨーロッパの人々はあらゆる手を尽くして、あなたのような勇者（というよりむしろ、勇者に同行しているお供たち）に、不吉なものの接近を知らせるための、のろしのあげ方を教えようとしている。

1 （まさかの）言語学

中世初期のイングランドにいくつかあった王国の人々は知らなかったかもしれないが、おそらく彼らがのろしをあげていた場所は先人たちの墓の上だ。そういえば、はるか昔の鉄器時代の人々は、てっぺんが平らな墳丘墓を作っていなかったか？　そしてサクソン人も、ローマよりあとの時代に共同墓地として使っていなかったか？　大正解。「見張り」を意味する古英語の地名は見たところでたらめに散らばっているようだが、そうした地名を持つマーシアやウェセックスの集落の配置を鎖のように結んでみると、それほどでたらめではないとわかる。実際の実験からも、炎と煙がたがいに確認できると示されている。ますますでたらめとは思えない。

2 法律

アラゴン、ポルトガルほかスペインの国境付近で争っていたいくつかの王国は早いうちから、征服におけるふたつの鉄則を作り上げた。土地が自分のものだと主張するためには人々をそこへ送り込めばいい。そして土地を奪ういちばん手っ取り早い方法はそこにいる人々を殺すか奴隷にすることだ。それに巻き込まれた人々は、自分たちが殺されたり奴隷にされたりする可能性を減らすにあたって、のろしがきわめて有効であることを学んだ。11～13世紀の街の法律は、街あるいは城を脅かす知らせを急使が馬で知らせてきたときに人々が取る<u>べき</u>行動について、かなり細々と指示している。

あなたは街の見張りだろうか？　では、監視塔のてっぺんでのろしをあげ、教会の鐘を鳴らすよう手配しなくては。それとも、火を見たふつうの村人？　急いで城門に向かえば、もしかすると家畜の一部もなかに入れてもらえるかもしれない。だが運が悪ければ、24時間のうちに武器を手にして近くの街か市民軍に向かわなければならない。つまり、死ぬ危険がある。24時間だ……12時間のときもあるが。

ということで、だれかが庭に駆け込んできて、アラゴンでのろしがあがったと叫んだなら、さっさと剣をつかんで走ったほうがいい。

3　年代記

中世の年代記作家は、水上からの脅威に対する勝利を誇らしげに語っているが……どれほど信用できるかは場合によりけりである（地名を入れると話の信頼度が若干上がる）。シャルルマーニュの孫は、たいそう賢い祖父がセーヌ川沿いにあげたのろしはパリへ向かっていた船団より早く警告を届けたとさらりと語っている。エルノールとかなんとかいう名前の男性が実際に目撃したとかしないとか語っているのは、十字軍遠征時のシリアで、その地方全体を奮起させるべくダマスカスから放射線状にのろしが広がっていった話だ。

年代記はひとまずおいて、ビザンツ帝国軍のマニュアルに目を向けてもいい。マニュアルは場合によっては古くさくて建前ばかりなこともある。それでも、コンスタンティノープルからシリアとの国境に近い北方のトロス山脈のほうまで、何百キロにもわたってのろしの鎖が広がった10世紀の話が書いてある。こののろしシステムは実在したことが考古学によって証明されている。

4 不満

イングランドの国王エドワード3世の治世（在位1327～77年）で実際に監視塔にいなければならなかった兵士はというと、げんなりしていた。あなたもきっとそうなる。当時は書簡、規定、その他のあらゆる羊皮紙の文書が飛び交っていた。必ずのろしがあがるよう火をつける人間を常駐させておくように、と。

ならばしかたない。沿岸ののろしのひとつを担当するためには4～6人くらいいればいいだろう。有事に対応する大隊に火が見えればいいだけだ。たいへんだ、木が湿っているではないか。それでも言い訳はできない。代わりにピッチ［石油やコールタールを蒸留したときに残る黒いカス］を燃料に使わなくては。

いうまでもなく、黒死病が流行しているからといって家にいてはいけない。もちろん、全員が徴兵されている。そして、フランス軍がそこにいるかぎり、こちらも沿岸部に赴かなければならない（フランス海軍がいくらお粗末でも関係ない）。

けれども、沿岸部ののろしシステムにだれより不満を述べた――のろしシステムが存在したなによりの証拠――のは、わかると思うが、資金を拠出した人々だった。金を出さなければならなかった人全員である。たとえば、カンタベリーで「われわれの金を使うな」の声が上がった。デヴォンでも、ケントやサセックスやサリーでも、国会でも上がった。明らかに、イングランドの真の問題は、税金を納める側の各地方に代表が存在することだったようだ。

もちろん、もしあなたが、くる日もくる日も一日中なにもない海の同じ場所を監視していなければならない人間のひとりではなかったのだとしても、のろしのシステムには欠点があった。歴史と伝説が半々の物語を記していた古代スカンディナヴィアのサガの作者たちは、たしかに、多くの欠点を予見している。物語では、巧妙なヴァイキングの戦略によって誘発された誤報やふつうの漁船によって発生した誤報をうまく利用する、あるいはそれに振り回される登場人物たちが描かれている。そしてその後、彼らは誤報の責任がだれにあるかをめぐって争いになって剣を振るうのだ。

ほかにも、いろいろな問題が起こりうる。木がなくなったが代わりのものを探す時間がない。木がなくなったが代わりのものを買う金がない。木はまだあるが、敵の破壊工作によって水浸しになって火がつかない。あるサガの作者はヴァイキングの侵略を次のように説明している。のろしがあがらないかと東の水平線をしっかりと監視していた衛兵は、あまりに真剣に見ていたために……西側を見るのを忘れた。

そしてときに、計画を台無しにするのは自然そのものだ。1346年12月、エドワード3世はとうとうあきらめて、みなを家に帰した。イングランドの天気が悪すぎたのである。

王女を救う

王女

実際の王女は自分に救援が必要かどうか（そして、あなたにそれを頼みたいかどうか）について自分なりの意見があるだろうから、いつもより多くの人に指南を仰いだほうがいいかもしれない。なので、しっかり聞いておくように。

まずはもしかするとあなたには必要のないアドバイスから、ゆっくり進めるとしよう。中世の世界で王女を救うならどこへ行ってもいいのだが、ビザンツ帝国の宮廷だけはやめたほうがいい。ビザンツ帝国、つまり今から具体例として取り上げる王女エウプロシュネが生まれた場所である。

彼女の母マリアのほうがよっぽどおとぎ話の姫君になれただろう。マリアはアナトリアの北にある地方の村の出身で、心優しいけれども不器用な父親がいた。788年、彼女は（たぶん）その美しさから帝国の都コンスタンティノープルへ向かう旅の一員に選ばれ、ほかでもない皇帝コンスタンティヌス6世の花嫁候補として（たぶん）競った。

コンスタンティヌスはすでにシャルルマーニュ（あのシャルルマーニュ）の娘と婚約していた。それでも彼（あるいは彼の母親エイレーネ）は、僻地《へきち》からやってきた無名の卑しい貴族の娘を選んだ。皇帝夫妻にはすぐに娘がふたり生まれた。エウプロシュネと妹の（こちらも）エイレーネである。

関係者全員にとって残念なことに、コンスタンティヌス6世は次のような皇帝だった。

◆たくさんの戦争に負けた
◆権力の座を守るためにライバルの目をつぶし、去勢した
◆離婚して、マリアと娘たちを追放した
◆愛人と結婚した
◆自分の母親に目をつぶされ、退位させられた
◆あまりに嫌われていたために、だれも彼が死んだ年を記録していない

ビザンツ帝国の宮廷政治をなめてはいけない。

こうして、マリアの白馬の王子はそれほど白馬の王子でもないことがわかり、795年、彼女は不幸にも幼稚園児くらいの年齢の幼い娘たちを連れて、とある島の修道院へと流された。

まさにおとぎ話のようなエンディングどうみても、おとぎ話のごとく末長く幸せに、とはなっていない。ここで登場するのが、マリアとコンスタンティヌスの娘でわれらが真のヒロイン、王女エウプロシュネである。

まずは、なにがあったかというと、

◆コンスタンティヌスの母親エイレーネが自分の息子の目をつぶし、退位させて、追放した

◆(当時は麻酔などなかった)

◆ニケフォロスが女帝となっていたエイレーネを退位させ、追放した

◆皇帝ニケフォロスがクーデターをつぶした

◆皇帝ニケフォロスがある日、戦いで、頭を失った

◆(麻酔ではどうにもならないこともある)

◆スタウラキオスがまるまる2か月のあいだ帝位を継いだ

◆ミカエル1世が皇帝スタウラキオスを退位させ、追放し、もしかすると暗殺もした

◆レオン5世が皇帝ミカエル1世を退位させ、追放したが、目と内臓は無傷。

◆その後の謀反を防ぐために、皇帝レオン5世はミカエル1世の息子を去勢した

◆（絶対に麻酔がほしいときもある）

それから、レオン5世が自分は軍事に秀でているからキリスト教そのものも大規模に変革できると考えて、一夜のうちにビザンツ帝国の高官をまるまる異教徒に変えてしまったこともある。なに、たいしたことではない。

さて、ときは820年。すでに5人も前の皇帝の元妻となった元皇妃マリアは修道院に閉じ込められて内心怒り狂っていた。25歳の王女エウプロシュネは人生のほとんどを修道院のなかで過ごしていた。

ここまでくれば、王女を救い出してもいい頃合いだろう。皇帝5人、女帝ひとり、皇帝になろうとした人物ふたりの時代が経過したのだから。

王子

これはおとぎ話とは正反対なので、のちにミカエル2世（770〜829年）となった人物はおそらく無教養の農民の出だったにちがいない。もっとふさわしいことに、偶像崇拝者と偶像破壊主義者の双方からさげすまれていた教派（それなりにたいへんで、信者にとってよい結果にはならなかったはず）の生まれだった可能性もある。

話によれば、ミカエルがビザンツ帝国軍に入隊したのは、たんにそれが家族の義務だったためだ。彼には発話障害があり、正式な教育を受けておらず、ましてや政治的な地位などかけらもなかった。だからといって、勇敢さと戦いのスキルで目立っていけないということはない。790年代、彼は大将軍レオンのもとで名を上げた。

もちろん、ミカエルとレオンはビザンツ帝国の宮廷政治に首を突っ込もうと決めた。そしてどういうわけか、このふたりは腹心の友として、10年以上ものあいだ帝国の陰謀を生き抜いた。その後のストーリーは想像がつく。813年、レオンは皇帝レオン5世として玉座につき、継承順位を定め、ミカエルに高官の地位を与えた。こうしてミカエルは、まだ準備万端とはいえないけれども、王女救出に1歩近づいた。

820年、ぬるくて玉虫色の師と弟子の話は、予想どおり血みどろで悲劇的な結末を迎えた。ミカエルがレオンの背後で何年もかけて軍の派閥を築いていたのだ。820年の最後の数か月でそれに気づいたレオンは、だれも生きて帰れない牢獄のような場所へミカエルを放り込んだ。

一方、こともあろうか、レオン殺害の先頭に立っていたともいないともいわれているのがレオンの最愛の妻、テオドシアだった。彼女はミカエルの処刑を先延ばしにするようレオンを説得、そのすきにミカエルの軍が先手を打って皇帝を殺した。教会のなかで。礼拝のさなかに。

クリスマスの日に。

テオドシアがクリスマスをばかにするよう仕向けたのかどうかはわからないが、皇帝の冠はミカエルにとって最高のクリスマスプレゼントだった。ミカエルは、帝国のために尽くしたテオドシアに対し、彼女とレオンの息子たちを去勢して処刑するのではなく、去勢して流刑にすることで恩を返した。

そうして820年が終わり、821年になった。救い出すべき王女はしばらく前からすでに準備が整っていたが、ようやく彼女を救い出すに値するほぼ理想的な白馬の王子が完成した。

いや、まだだ

ミカエルの治世は悲劇から生まれ、涙ながらに発展した。なぜならここがビザンツ帝国だからだ。じつは、彼の軍隊時代からの別の友人もまた、レオンの時代に軍の自分の派閥へと支持者を集めていたのである。ただし、ミカエルがコンスタンティノープル——帝国の首都だが、ひとつの都市でしかない——で権力を強化していたのに対して、トマスはアナトリア全域で同じことをしていた。

ふたりがクリスマス条約とでもいうようなものを結んで皇帝殺害の連鎖を断ち切ろうとしたか？　するわけがない。トマスはコンスタンティノープルを包囲した。ミカエルはブルガリア人を呼んだ。戦いでは、アナトリア人がブルガリア人に勝利した。しかしどういうわけか、最後に笑ったのはブルガリア人だった。823年、トマスは死んだ。

けれども、包囲されたコンスタンティノープルの内側が外側よりよかったというわけでもない。なぜならここがビザンツ帝国だからだ。ミカエルは戴冠したときに50歳だったので、帝国のほとんどの男性と同じようにすでに妻と子があった。

823年、ミカエルはかつての友の処刑を監督して、くたびれ果ててベッドに潜り込み――目を覚ますと妻が死んでいた。

救出

先ほど、レオン5世が自分もしくはビザンツ帝国全体の宗教を異教に変えた話をした。それから宗教的な休日に教会で惨殺されたことも。それが、ミカエルとその仲間たちにとっては教訓になった。彼らは教会のささいな規則しか破らないように努め、そのような小さな罪であれば神が気にせず罰しないことを願った。というよりむしろ、だれかが自分たちの代わりに教会の決まりを壊してくれるよう祈っていた。理由は3つ。

◆ 修道女は永遠の純潔と修道院での暮らしを誓っている

◆王女エウプロシュネは修道女だ
◆王女と結婚すればミカエルの権力の座が正当なものになる

ここはビザンツ帝国なので、3つ目は歴史的に見て必ずしもそうとはいえない。権力の正当化はだいたい見解の問題だからだ。しかしながら、エウプロシュネが本当に修道院を出て823年か824年にミカエルと結婚した事実は、見解の問題ではない。

あなたにとって残念なことに、ミカエルがどうやってそれをやってのけたのかはまったくわからない。エウプロシュネは修道院に閉じ込められた王女で、のちに皇帝の妃になった。資料からわかるのはそれだけだ。あなたが同じことを成し遂げるための手引きとしてはあまり役立たない。一方、ミカエルの評判は上々だったろう。なぜかというと、修道院長に莫大な金を払った——もとい、修道院に寄付をしただろうから。あくまでも寄付である。

なにが救出だ。

めでたし、めでたし

それで、ビザンツ帝国は末長く幸せだったのか?

エウプロシュネは、20年ものあいだ母とともに追放されていた修道院へは二度と戻らなかった。ミカエルは9年ほど帝国を統治したが、そのあいだずっと彼女は夫の傍にいた。この皇帝夫妻に子どもはなかったので、前妻とのひとり息子テオフィロスの代わりに玉座につきそうな、排除すべき2番目の息子はいなかった。実際、3人は仲がよかったようである。エウプロシュネは継子と地方貴族の女性テオドラとの結婚を取り持ったといわれている。父親であるミカエルの同意なしにはできなかったにちがいない。

ミカエルは８２９年、60歳になる前に死去した。テオフィロスは平穏にその跡を継いだ。

本当だとも。

テオフィロスは13年近く国を治めたのち、病に倒れ、宮廷で臨終を迎えた。そのあいだずっと、テオドラが彼に寄り添っていた。夫が亡くなると、テオドラは摂政として事実上支配を引き継ぎ、ビザンツ帝国史上もっとも大きな影響力を持つ女性のひとりとなった。

王女を救う方法を教えてほしい？　いうなれば、ミカエル2世は謀反を疑われ、牢屋に入れられて殺害されそうになり、罪を翻させて、代わりに皇帝を殺し、玉座を手に入れ、王家を作り、そして、王女を救い出したということだ。

障害のある田舎の子どもにしては悪くない。

王女みずから窮地を脱する

クエストもずいぶん進んだものだ。美しく牧歌的な自分の村が恋しくならないか？　邪悪な存在と戦う運命を背負うよう見知らぬ訪問者にそそのかされて損したと思うことは？　悪魔があなたに読み書きを教えたこと、そしてモリニーのヨハネスが、読み書きができるよりこの世のものとは思えない邪悪な存在の大群に追われないことのほうが大事だとあなたに告げようとしたことは覚えているだろうか？　同意しなくてよかった。なぜって、今は１４８９年。あなたはレーゲンスブルクにいて、印刷所でこきつかわれながら、喉から手が出るほどほしい金を稼いでいるところだからだ。たぶんそわそわしているにちがいない。そこで、印刷された大衆向け小冊子にある有力な情報をもとにクエストを再開する目処がついてほっとしている。神聖ローマ帝国皇帝の娘であるオーストリアのクニグンデとその夫は、彼女が生まれた１４６５年からずっと熱愛ゴシップの的だった。２年前、クニグンデはバイエルン公アルブレヒトと結婚した。小冊子は、公爵にふらちな意図があったのではと警鐘《けいしょう》を鳴らしている。どうやら勇者の出番だ。王女を救わねば。

姫たるものの結婚

王女との結婚という意味ではミカエル2世は容易なほうだった。1回だけクーデターを起こして、数回クーデターを阻止すればいいだけだったからだ。多くの場合、近親相姦というたったひとつの理由で、ヨーロッパの王女たちは一生、白馬の王子を見つけることができなかった。

子どもを政略結婚させることは、中世エリートの大きな戦略だった。花嫁の持参金や花婿からの結納金で財政的に潤うこともあった。だが、だれでもいいわけではない。中世初期、西の教会は、どの程度の遺伝的な関係が神の（あるいは教会がいうところの神の）目に近親相姦と映るかを厳格に定めていた。もちろん、そうした規則を欺くことは珍しくなかった。結婚が政治的に望ましくない関係に陥った場合に、近親相姦が判明したとして、家族と教会の両方が無効を宣言する口実にできたからだ。いずれにせよ、10世紀ごろまでには、ヨーロッパの王家はみな自分たちの息子や娘にふさわしい対等な王家を見つけることができなくなってきた。

配偶者を自分の一族に迎え入れて、自分の階級を維持することができる王子にとっては、それでもよかった。だが、新たな一族に嫁ぐ王女にとっては、あまりよろしくない。クニグンデは皇帝にとって唯一生存していた王女であり、ヨーロッパでもっとも高貴な花嫁だった。にもかかわらず、自分より身分の低い者と結婚するしかなかった。

ところが、この王女にとって、結婚による地位の格下げは最低限の問題でしかなかったのである。

クニグンデの結婚

1486年は、なににおいても――そしてだれにおいても――とりあえず礼儀が保たれていたようである。皇帝と帝国政府は、ヴェネツィア、ハンガリー、ボヘミア、スイス、下級貴族、上級貴族、教会、オスマン帝国とのあいだに問題を抱えていた(つまり、いつもどおり)。クニグンデは父親のいとこであるオーストリアならびにティロル公ジギスムントの宮廷で、そうした争いにはいっさいかかわらずに暮らしていた(1486年の神聖ローマ帝国は黄身の部分がイタリアに流れ出している卵のような形で、ティロルがその黄身だった)。

バイエルン公アルブレヒトは皇帝から王女と結婚する許可を取りつけた。バイエルンは帝国のなかで政治的また領土的にもっとも力のある公国であり、アルブレヒトはせっせとその力を強化していたため、申し分のない選択だといえた。ジギスムントは皇帝の許可を得て、彼女の結婚持参金を含む金銭の問題を交渉した。まさに適役だ。12月初めまでに準備が整った。1487年1月2日、王女は父親が欠席したまま公爵と結婚した。新たに公爵夫人となったクニグンデは夫とミュンヘンへ移り住んだ。十分礼儀正しい。だいたいは。

だが、あなたは「レーゲンスブルクの征服」と題されたタブロイドを手に入れる。そして、このおとぎ話の背後に恐ろしい真実が隠されていることを知る。

さらわれたクニグンデ

作者が匿名である理由はまちがいなく身を守るためだろうが、その「レーゲンスブルクの征服」を書いた人物は、アルブレヒトが王女を父親から、神聖ローマ帝国から、そしてキリスト教からも盗んだのだと主張している。皇帝はクニグンデをオスマン帝国のスルタンに嫁がせるつもりだった。その結婚によって、神聖ローマ帝国は東の脅威から守られ、クニグンデはトルコ人をキリスト教へとうまく改宗させるはずだった（たとえ夢でしかないとしても）。アルブレヒトはクニグンデとの結婚を許可する皇帝の手紙を偽造したにちがいない。アルブレヒトがレーゲンスブルクとの同盟関係を反故《ほご》にして、その大きな街を支配下に収め、修道院からの税の取り立てを増やしたのと同じ手口だ、と。

その冊子の刊行が1489年で、クニグンデとアルブレヒトにはすでに幼い娘がふたり（8人の子のうちの最初のふたり）いたことは無視しよう。夫婦がクニグンデの兄（帝国の後継者）を招待して楽しいひとときを過ごしたこともだ。そのタブロイドの適切なタイトルはむしろ「レーゲンスブルクの市議会は金と引き換えにアルブレヒトの支配を許すという決断をした。

くわえてわたしはアルブレヒトが市長に指名した人物が気に食わない」としたほうがふさわしいことにも目をつぶろう。

いっさい気にしなくていい。勇者はあなただ。アルブレヒトは悪い公爵だ。クニグンデはぜひとも救い出さなければならない王女だ。助けよう。

クニグンデの救出

あなたにとって残念なことに、クニグンデにはクニグンデの考えがあった。すなわち、助けなど必要なかったのである。

彼女は少女時代を帝国の宮廷という食うか食われるかの場所で過ごし、ときおり嘆願者と父である皇帝の仲立ちをしていた。公爵夫人になった彼女はむりやり、自分がひいきにしていた下の息子を共同公爵とするよう上の息子に命じた。なにより重要なことに、裏切りを見れば彼女にはすぐにそれとわかった。ほかの人間にはわからなくてもだ。そして、クニグンデには権力と、それをはっきり示せる知性があった。

資料によれば、1500年代の初めごろ、アウクスブルクの市民はこぞってカリスマ的な若い預言者に夢中になっていた。その預言者アンナ・ラミニットは、ホームレスの宿泊所で暮らしていた18歳くらいのときに、神によって地上の聖人に選ばれたという。神は彼女がいっさい食べなくても生きていけるようにした。また、なにも食べないことを人に見せびらかすことを許した。そしてもちろん、アウクスブルクの人々が彼女に金をつぎ込むことを許した。

1502年、皇帝マクシミリアン――クニグンデの兄――はラミニットにアドバイスを求めた。1503年、皇后ビアンカ・マリア・スフォルツァはラミニットの勧めで宗教儀式を実施した。ラミニットはより多くの金、大きな家、教会での上座、街の貴族の少なくともひとりとの秘密の情事を手に入れた。

1512年のミュンヘンに話を進めよう。未亡人となったクニグンデは、ラミニットが「聖人であること」を利用して金儲けをしていると見抜いていた。もちろん野放しにするつもりもなかった。

クニグンデは自分の終の住処として建てた修道院へラミニットを招待、いや誘い込むことにした。ラミニットは口実を作って辞退した。いらだったクニグンデは背後から手を回した。ラミニットのミュンヘン訪問を画策して、アウクスブルクの人気者をよこしてくれるよう同市の市議会を説得したのである。要するに、ラミニットの退路を断ったのだ。

クニグンデの修道院のシスターたちは大歓迎で、ラミニットを専用の寝室へ招き入れた。

クニグンデはラミニットのために特別な部屋を用意していた。そこには凝った装飾はないが、ドアに小さな穴がいくつか開けられていた。クニグンデがその穴からのぞき見していると、ラミニットが高級フルーツやパン菓子をベッドの下に隠している。クニグンデは、ラミニットがその秘密の食べ物を口にするところを見た。ラミニットにとってはもうすべてが終わったも同然だった。が、クニグンデはまだやめない。辛抱強くのぞき見を続けていると、ラミニットが大便を窓から投げ捨てた。

これが、何十年ものあいだ人々の心と魂と財布の中身をつかんでいた詐欺師の化けの皮をはがした老女とジンジャーブレッドケーキの物語の一部始終である。クニグンデは皇帝も街もなしえなかった方法で、長年続いた巧みないかさまにとどめを刺した。

中世ヨーロッパの王女たちには救いの手が必要だった。アルブレヒトは小冊子に書いてあったような狡猾で悪い公爵だったのかもしれないし、クニグンデはだれよりも必死で救出を望んでいたのかもしれない。けれども、勇者にとっては残念なことだが、ときには王女が自分で窮地を脱することもある。

王冠を奪う

あなたはドラゴンを倒した。なるほど。でも、象徴を倒そうとしたのではなかったか？目撃しただけのクーデターや助けなかった王女たちなど、クエストの途中で小さな問題に直面したとはいえ、あなたはそろそろ、玉座を奪い、邪悪な存在を王国から永久に追放できるくらい自分が強くなったと思っていることだろう。そんな勝利を見据えるあなたに小さな問題がもうひとつ。中世のヨーロッパでは、王冠を奪うとは、ときにひとつの王冠を奪うことだった。王位の象徴ではなく王冠そのものである。

考えようによっては、一般的な王冠はエリート中のエリートのための流行りの宝石のようなものだ。エノーのフィリッパは10個の異なる王冠を持っていた。イングランドのエドワード2世は、やむなくいくつかの王冠を借金の担保に入れていた。その一方で、真の力を秘めた王冠もある。国によっては、戴冠式に用いる専用の王冠がひとつあるいは複数存在していた。たとえ法律上は王位の継承者であっても、王位を象徴する王冠を戴冠しなければ王にはなれない。

中世のハンガリーは、王国の未来をつねに「聖イシュトヴァーンの王冠」に託してきた国のひとつだった。その慣習は当初、国王アルブレヒト2世と王妃エリーザベトにとってなんら問題ではなかった。1439年後半にアルブレヒトが死去した直後、アルブレヒトに男の後継者がいなかったために、ポーランドとハンガリーの貴族たちがみな王位につきたくてうずうずしていた時期でさえ、すぐに問題にはならなかった。身ごもっていたエリーザベトは息子が生まれてくることを必死で願いつつ、その正式な王冠を王家の宝物庫から出して、陰謀を企てている貴族たちから守っていた。彼女は自分の部屋に王冠を隠し、万が一に備えて長椅子のように見えるケースに入れていたのである。

問題が生じたのは、部屋に——つまり椅子に——火がついたときだった。

エリーザベトのもっとも信頼できる侍女、ヘレーネ・コタナーがなんとか火を消しとめた。けれどもその事件で心配になったエリーザベトと秘密を知る近しい人々は、王冠を王妃の部屋から宝物庫へ戻してしまった。ところがその直後、エリーザベトは、ポーランドの貴族が彼女をむりやり再婚させて王冠を奪おうとしていると警告を受ける。彼女は何も考えず、宝石も持たず、召使いも持たず、そしてなにより深刻なことに、聖イシュトヴァーンの王冠を持たずに逃げた。

エリーザベトが持っていたのは、なんとしても男の子が生まれてほしいという望みだけだったが、その子が国王になるためには王冠がいる。彼女はコタナーにきわめて危険な頼みごとをすることにした。城に忍び込んで……自分の宝石を盗んできてほしい。宝石？　エリーザベトは神聖ローマ帝国の皇帝の娘で、いくつもの国の王妃でもある。そんなものは必要ないのでは……？　だが、エリーザベトはどうしてもそうしてもらいたいという。

命を落とすのではないかと恐怖におびえながらも――本人が記したところによれば――主人に忠実なコタナーは宝石を取りに戻ることにした。宝物をドレスの下に隠し、彼女は品々を城の外へひそかに持ち出した。彼女を止めようとした貴族の執拗《しつよう》な問いにもまったく臆することはなかった。「ヘレーネ・コタナーよ、何を持っているのだね？」「わたくしの衣類です」。人の注意をそらす練習は役に立った。なぜなら、宝石の窃盗はウォーミングアップにすぎなかったからだ。

かくして、1440年2月20日、ヘレーネ・コタナーとふたりの助っ人は、王冠を盗むためにハンガリー王家の宝物庫へ侵入することになった。彼女たちは暗闇に紛れる黒い服を着て、足音を立てないフェルトの靴を履いた。助っ人の男たちはやすりやハンマーをコートに隠して持ち込み、いちばん外側で保管室を守っている3つのドアをめざした。

コタナーが衛兵の気を引いている（あるいは彼女の言葉を借りれば、神が彼らの気をそらしてくださっている）あいだ、男たちはやすりとハンマーを使い、火までつけて、城のなかで警戒がもっとも厳重な場所へと進んだ。一行はただちに、ふたつのことを忘れていたと気づいた。

まず、王冠がなくなったあとの何もない空間がきわめて目立つこと、それから、王冠がコートのなかにうまく隠せないことである。

コタナーの説明からは、だれがなにをしたのかはよくわからないが、次のような展開になった。

◆使ったやすりはトイレに投げ入れた
◆王冠はだれにも気づかれることなく盗み出され、ハンガリーの聖エリーザベト（1207～31年）が祀《まつ》られている城内の礼拝堂へと運び込まれた
◆王冠がなくなっても目立たないように、王冠が載せられていた棚も一緒に宝物庫から運び出された。
◆保管場所のドアの錠はつけ替えられた

仕事は続く。コタナーと助っ人たちは礼拝堂から赤いビロードの枕を盗み、羽毛の詰め物をいくらか抜いて、ハンガリーの正式な王冠をそのなかに入れて縫いつけた。

けれども、その枕を城の外へ持ち出す前に――すべて本当だ――老いた召使いがコタナーに近寄って、王妃の古い部屋の暖炉の前にある奇妙なケースはなんだろうかと尋ねた。コタナー

はただちにその召使いに自分の部屋へ戻って荷物をまとめてくるよう命じ、協力すれば王妃の従者のなかで重要な地位につけると約束して……跡形もなくケースを燃やした。

それから一行は凍りついたドナウ川を渡って逃げた。本当だとも。

けれども、それだけのことをした甲斐があった。エリーザベトは将来ハンガリー国王となる元気な男の子を産み、聖イシュトヴァーンの王冠によってその役割が揺るぎないものとなったからだ。

もしあなたが象徴を現実に変えるための指南となる物語を探しているなら、まさにこれがそうだろう。どんな王女でも自分で窮地を脱して王冠をかぶることはできる。１４４０年、この王女と侍女は王冠を盗んで王国を救った。

栄誉を受ける

王女を手に入れる

勇者のクエストの終わりは、死か勝利か、ふたつのうちのひとつである。勇者そのものも、ぼろぼろに燃えつきて人間の抜け殻になるか、結婚するかのどちらかだ。前者の説明はおそらくいらないだろう。だが、万が一のチャンスに期待して、あなたが果てしないトラウマに悩まされる人生より結婚を望むなら、王女の救出後に彼女のハートを射止める方法について話さなければ。

イザベル

あなたが本当に運がよければ、クエストの難所はもう越えているはずだ。というよりむしろ、あなたが幸運に恵まれ、なおかつこれまでで最高の騎士だったならば、だが。人々の記憶に残るイングランドの戦士ウィリアム・マーシャル（1146または47～1219年）がまさにそうだった。ウィリアムは、バトルで死なない程度に腕の立つ（なおかつ強運な）戦士で、イングランド王家の面々に取り入るくらいには裕福で、王女を手に入れるよりもむしろ、騎士として、そのふたつの側面で十分な成功を収めていた。イングランドの国王ヘンリー2世は、自分の娘たちについてはどこかの王妃かドイツの皇后にしたいと思い、しかるべく結婚の段取りをつけていた。では、王国でもっとも評価の高い騎士に対してはどうしたか？　ヘンリーは領土のなかったウィリアムに、当時のブリテン諸島でもっとも裕福だったかもしれないストリングイルのイザベルとの婚約（と広大な領土）を約束し、ヘンリーの後継者リチャードがその約束を果たした。悪くない。

なので、あなたがイングランドにいるなら、クエストが終わってから王女を獲得するために必要なものはあとひとつ。貴族であることだ。

（ここまでの王女獲得成績――貴族1）

しかしながら、あなたがイングランドにいるとはかぎらない（あなたより前の勇者クエストの舞台設定がイングランドだったとしても）。知ってのとおり、もしウィリアム・マーシャルがビザンツ帝国で同じくらいの幸運に恵まれていたなら、帝国の宮廷で生きたまま食われてしまったにちがいない（もしかすると文字どおり）。そして、王女を得たいなら、最悪のシナリオから学んだほうがいい。ということで、コンスタンティノープルへいってらっしゃい。名前を覚えるのが苦手でも心配はいらない。今回は3つか4つ覚えればいいだけだ。

エウプロシュネ、もうひとりのエウプロシュネ、マリア、もうひとりのマリア

覚えているだろうか。ビザンツ帝国の宮廷政治をなめてはいけない。先に述べたエイレーネ、マリア、エウプロシュネ、エイレーネ、ミカエルを思い出してほしい。450年を先送りしよう。そのあいだにはさらに5人の皇帝ミカエルがいた。そこへ3つのモンゴルの派閥とブルガリアを追加して、王女救出のさいに学んだのとまったく同じ名前を思い出そう。今回、あなたは1259年にいて、やがてミカエル8世となる人物がまさに玉座を奪おうとしているところだ。

ミカエル（1223～82年）とウィリアム・マーシャルは、王女獲得まで似たような道を歩んだといえるかもしれない。両者とも戦いと政治の場で務めを果たし、ときに支配者の敵となって戦うこともあった。両者とも、血筋としての王女ではなく象徴としての姫君と結婚した。けれども、皇帝の寵愛《ちょうあい》を取り戻し、愛する姪孫《てっそん》と結婚し、ふたたび皇帝の寵愛を失って、2年のあいだモンゴル側に立って戦い、コンスタンティノープルに戻ってクーデターを起こし、自分の結婚を通して帝国史上もっとも成功した王朝のひとつを築き上げたのは、ミカエルだけだ。一方のウィリアムには土地しかない。ということで、あなたが王女だけでなくその続きも手に入れたいなら、頼るべきはミカエルの例である。

はるか昔に王女を救出した皇帝ミカエル2世と同様、ミカエル8世は1259年にクーデ

ターを起こし、年若い皇帝の代わりを務めていた摂政を殺害した。先人とは異なり、ミカエル8世は1261年にまだ子どもだった支配者の目をつぶし、追放して、のちに玉座を脅かすことがないよう抹殺した。

ミカエルは皇帝として、西ヨーロッパからコンスタンティノープルを取り戻し、ビザンツ帝国を復興し、先頭に立って文化と知識を再生するなど、ほかにもいくつかちょっとしたものごとを成し遂げた。このギリシア人のビザンツ帝国が、過度の野望を抱くイタリアの都市国家を西に、イスラムのマムルーク朝を南に、ブルガリア帝国を北に、そしてなによりモンゴル人を南と東に抱えていたことを考えれば、彼の偉業はなおのことすばらしく感じられる。

ふたつのモンゴル人国家はいつもながら貪欲だった。黄金軍団は1241年にハンガリーを完璧なまでに討ち滅ぼし、2周目に意欲を燃やしていた。イルハン朝は1258年にバグダードを破壊した。ビザンツ帝国が地理的に理想的な場所だったとはいいがたい。

幸運なことに、モンゴル人はビザンツ帝国とは結婚を通して結ぶ同盟関係を維持するだけで満足していた――前皇帝の姪孫と結婚していたミカエルがよく知っていた方法である。ミカエルの娘エウプロシュネは黄金軍団(の大部分)の非公式なハーン(リーダー)だったノガイと結婚するためにまっすぐそこへ向かい、妹のマリアはイルハン朝のハーン、アバカのもとへ送られた。

（あなたがまだビザンツ帝国に着いたばかりだというのに、すでにミカエル、ノガイ、アバカはそれぞれ王女を手に入れている！　この先、話がどうなるのか想像してみてほしい）

そうした政略結婚はマリアとエウプロシュネにとっても悪くはなかった。ハーンは何人でも妻をめとることができたが、モンゴルの王妃は一般に、西洋の貴族の女性よりも大きな権限を持っていたからだ。黄金軍団のエウプロシュネは自分の娘にギリシア人の名前をつけることに成功し、エウプロシュネと名づけた。ここではエウプロシュネ2と呼ぶことにする。覚えておこう。

一方、マリアはイルハン朝で育ち、ビザンツ帝国とモンゴルの支配者の両方を操る方法を学んだ。マリアの影響を受けたアバカはイルハン朝のキリスト教徒を保護して支援し、マリアは奇跡を行ったといわれるまでになった。

それだけではない。1282年にアバカが死去すると、マリアは自分の継子と結婚させられるという憂き目にあった。だが最後には、なんというか、許可なく自分で自分を追放して、コンスタンティノープルに戻った。

（ここまでの王女獲得成績——貴族2、王子1、モンゴルの王子2）

マリアの兄で新たに皇帝となったアンドロニコス2世が、また別の同盟関係を強化するために彼女を利用しようと考えていた可能性はある。いずれにしてもマリアは兄の願望を打ち砕いた。自分で裕福な修道院「モンゴルの聖マリア」――聖母マリアを崇めると同時に彼女が自分のものだと考えていた国と国民に敬意を表して名づけられた――を作り、入ってしまったのである。

アンドロニコスは代わりに自分の娘シモンディスをセルビアへ送った。ここではセルビア、シモンディス、その夫ステファン、みな頭文字がSであることは放っておいて、先へ進む。思い出してほしい。アンドロニコスの妹マリアはモンゴル帝国の領地のひとつ、イルハン朝へと嫁いだ。アンドロニコスの妹（または姉）エウプロシュネはまた別のモンゴルの領地で、黄金軍団のほとんどを支配していた大将軍――実質的なハーン――だったノガイのもとへ嫁いでいた。一方、実際にハーンの称号を持ち、黄金軍団の残りを支配していたのはトクタで、ノガイと同じくらい野心的で大きな影響力を持っていた。アンドロニコスは先例に鑑みて、また別の娘（こちらもマリア）をトクタと結婚させるために送り出した。ここではその娘をマリア2と呼ぶことにする。

（ここまでの王女獲得成績――貴族2、王子1、モンゴルの王子3）

エイレーネ、エイレーネ、マリア、マリア

ミカエル8世のまた別の娘エイレーネの結婚生活は最初はうまくいったように見えたが、姉

妹たちほど順調ではなかった。ブルガリア帝国はビザンツ帝国から見れば「まんまと支配を逃れた」国で、さすがのミカエルでも軍事力や政治結婚を通して取り戻すことができなかったのである。

1257年、ブルガリアに内乱が起きたとき、ビザンツ帝国の皇帝ミカエルは、黒海の北部沿岸（政治経済の両方で戦略的に重要な場所）を拠点として使うことと引き換えに、逃亡していたブルガリアの元支配者ミツォ・アセンをかくまった。そして1278年、ミカエルは策を講じた。追放されたブルガリアの元支配者の息子イヴァン・アセン3世にエイレーネを嫁がせ、兵を与えて、ふたりをブルガリアへ送ったのである。これはうまくいった。

（ここまでの王女獲得成績——貴族2、王子2、モンゴルの王子3）

ところが……

野心的で冷血なブルガリアの貴族ゲオルギ1世テルテルは、マリアという女性（とうとうマリア3）と結婚し、後継者となる息子テオドルをもうけていた。

ゲオルギは、ミカエルがブルガリア以外のあらゆる方面に軍隊を必要としていることを見抜いたうえで、みずからイヴァン・アセンの妹（または姉）で名前はもちろんマリア（こちらはマリア4）と結婚してブルガリアの玉座に近づいた。1279年、彼はミカエルへの忠誠を示すためにマリア3とテオドルをコンスタンティノープルへ送った。

（ここまでの王女獲得成績――貴族3、王子2、モンゴルの王子3）

だが、対等になれるのならどうしてわざわざ忠実なしもべになる必要があるのか？　ゲオルギは1280年にブルガリアを手中に収め、イヴァン・アセンとエイレーネをコンスタンティノープルへ送り返した。

ほぼすべての相手と緊張緩和か同盟関係を結んでいたミカエルは、ブルガリアを攻撃しなかった。一方のゲオルギは自分がきわめて不安定な立場に置かれていることをよく知っていたので、チャンスが訪れるまでじっと待っていた。

1282年、ミカエルが死去した。息子のアンドロニコス2世はたいした騒動もなく、単独で皇帝になった。なぜなら、ここはブルガリアではないからだ。

そのブルガリアに話を戻そう。ゲオルギは、アンドロニコスが単独で統治するようになって生じたわずかな混乱につけ込むことにした。彼はマリア4を離婚してコンスタンティノープルへ送り返し、マリア3をコンスタンティノープルからブルガリアへ戻すと、交渉を通してテオドルも取り戻した。

この新たな展開はテオドルにも好都合だった。彼は共同皇帝として国を治め、変わり身の早い貴族たちのあいだで権力にしがみつく方法をいくつか覚えた。なにより重要なことに、彼は「やってはいけないこと」をいくつか学んだ。

そして、時は1282年。これまでのところを要約すると、

◆ビザンツ帝国皇帝ミカエル8世は安らかに永眠した
◆ミカエルの息子アンドロニコス2世は平和に皇位を継いで、皇帝となった
◆ミカエルの娘マリア1はモンゴル帝国イルハン朝のハーンに嫁ぎ、修道院を建て、今は舞台裏だ
◆ミカエルの娘エウプロシュネ1はモンゴル帝国黄金軍団の実質的なリーダーであるノガイと結婚した
◆エウプロシュネ2はエウプロシュネ1とノガイの娘である
◆ミカエルの娘エイレーネはブルガリア皇帝の妻となったが、今はビザンツ帝国の有力な貴族だ。そのほうがいい
◆ゲオルギ・テルテルは野心あるブルガリアの貴族だった
◆マリア3とテオドルはゲオルギの妻と息子で、ビザンツ帝国に送られていたが、ブルガリアに戻ってきた
◆マリア4はエイレーネの義妹（または義姉）でゲオルギのふたり目の妻だったが、今はビザンツ帝国にいる

◆ゲオルギ・テルテルはブルガリアの皇帝になった
◆テルテルの息子のテオドルも共同皇帝になった
◆イングランドに戻ると、ウィリアム・マーシャルは資産家の女性と結婚して領土を手に入れた

さて、皇帝の娘で、1年足らずのあいだ王妃になったものの、身を案じて逃げなければならなくなったエイレーネを覚えているだろうか？　1341年、エイレーネの孫娘（でもちろん名前は）エイレーネの結婚はさらによかった。ブルガリアなど問題にならない。エイレーネ2は結婚によって皇后になったのだ……ビザンツ帝国全体の。

あなたが王女を救うこともあれば、王女が自分で危機を脱することもある。あなたが王女を獲得することもあれば、王女にあなたを選んでもらうこともある。

けれども、だれも自分のところへきてくれない場合はどうすべきか？

王子と結婚する

ということで、あなたは王子と結婚しなければならない。

それはいいことだ。王子に恋しているからだけではない。なにしろ、結婚した女性が勇者になるためには、あとになってから、じつはこれこれだったとややぎごちない設定をつけくわえるしか方法がないからだ。実際、ルールを破る以外に勇者に得意なことなどあるだろうか？

あとは自分の王子様を見つけて勇者になるための適切なガイドさえあればいいだろう。

選択肢1——カンタベリーのアンセルムス

そう、厳密には、アンセルムス（１１０９年没）は男性だ。

そう、厳密には、アンセルムスは修道士でカンタベリー大司教でもある。

そして、厳密には、中世の男性は男性と結婚することはできず、修道士はいっさい結婚してはならない。たとえ、教会でもっとも権威ある大司教で、中世全体でもっとも重要な神学者だったとしてもだ。ただし、寓話としてなら……

中世の作家や神学者は寓話が大好きだった。たとえば「自尊心《プライド》」を化粧《メイク》が濃すぎる美女として描写するなど、抽象的な概念を擬人化した。あるいは、ありふれた話を奥深い真実の比喩として描くこともあった。キリストの「花嫁」と称して、人々の魂に対するキリストの愛を結婚にたとえるように。

わかると思うが、終生の禁欲を守り、キリストに仕えることを誓った修道士や修道女は、その寓話が心底好きだった。12世紀の修道士、クレルヴォーのベルナルドゥスはそれを80回以上も説教のテーマにした。13世紀の神秘主義者、マクデブルクのメヒティルトはすばらしく趣のある詩を書くにあたってその話を用いた。

しかしながら、ここで花嫁の寓話に「平和のプリンス」の称号を持つキリストをあてはめてしまうと、勇者としてはかわいらしすぎてどうも味気ない。そこでアンセルムスの登場だ。われらが禁欲の友人は「キリストの花嫁」というアイデンティティが熱狂的な流行になる少し前の、男性が男性に憧れる（恋愛ではない）時代に生きていた。

現存する資料からは、それぞれの事例に「修道院の部屋で起きたことは修道院の部屋にとどまる」という追加の要素が含まれていたかどうかまではわからない。が、中心にあったのは、友愛、親交、あるいは中世の女性たちが育んでいたロマンティックな友情のようなものだと考えていいだろう。中世の戦士は力強い男らしさのかたまりだと思っているだろうか？　実際には、中世の男性は今ほど女性を恐れていなかったので、男性相手にロマンティックな愛と考えられなくもない感情を派手に示してもだいたい大丈夫だった。

アンセルムスが同じ修道士のギルバートに宛てた手紙を見るだけでそれがわかる。「親愛なる友よ、あなたの愛はわたしにとってかけがえのないものだ。それでも、あなたの愛する人に対して憧れを抱いたためにあなたを失ったわたしの心がなぐさめられることはない。（中略）本当に、切り離されてしまったわたしの魂の半分が戻る以外に、この別れがなぐさめられることなどけっしてないのだ。（中略）あなたの不在を経験したことのなかったわたしは、あなたといることがどれほど甘く、あなたがいないことがどれほど苦いかを知らなかった[13]」

アンセルムスはこれらの言葉を恥ずかしげもなく書いただけではない。ギルバートどころか、ほかの人々までがそれを声に出して読み上げると知っていた。また、後世の人間が読むために自分の手紙が保存されると信じてもいた。いうなれば、カンタベリー大司教が男性に憧れを抱いていて、周囲のだれもがそれをいたってふつうだと思っていたのである。なので、あなたは本当に王子と結婚するわけではない。ただ、あなたの愛の結びつきが結婚と同じくらい強いというだけだ。

13 Letter 84, Walter Fröhlich, trans., *The Letters of St. Anselm of Canterbury* (Cistercian Publications, 1990), 1:219.

もちろん、だれもがカンタベリー大司教のようにはいかない。ヨーク大司教を激怒させた人物もいる。

2度も。

選択肢2　マージェリー・ケンプ

厳密にいえば、マージェリー・バーナム・ケンプ（1438年以降没）は、ヨーク大司教、レスターの市長、ブリストルの住民、ヨークの司祭、エルサレムの巡礼者、スペインの巡礼者、自分の夫（仲直りした）、自分の息子（こちらも仲直りした）を激怒させた。少なくとも、みずからのスピリチュアルな生涯について綴った物語集にそう記している。そこには、物語の土台となった実世界の冒険も含まれている。そして、モリニーのヨハネス（うっかり悪魔があなたに読み書きを教える状況を作り出してしまった修道士）とは異なり、『マージェリー・ケンプの書』［石井美樹子、久木田直江訳］は完璧なキリスト教の本で、著者本人が何度もキリストの幻影を見た話をしている。それでもこれは、勇者を続けながら王子と結婚しなければならないヒロインのための完璧な指南書だ。

中世で「たくましい」女性といえば、修道女や預言者、夫の権威を引き継いだ未亡人、息子のために権力を手に入れる王妃だった。ケンプも例外ではない。実際彼女は家族に尽くしていた。彼女は14人の子どもを産み、夫と別れるのではなく禁欲な結婚生活を営むよう夫を説き伏せ、夫が自分で自分の面倒をみられないくらい年老いて病気になったときには看病し、自分と同じくらい冒険心の強い娘を少なくともひとりは育てた。ケンプが夫を自分の冒険に連れていくことさえあった。けれども、『マージェリー・ケンプの書』に描かれているのは、好きなように人生を送った既婚女性の姿である。

ケンプはじっとしていることができなかった。明らかに裕福だったにもかかわらず、ふたつの異なる事業を立ち上げようとした。どちらもうまくいかなかったところを見ると、経営者としての能力はあまり芳《かんば》しくなかったのだろうが、意気込みについてはよくわかる。最初の子どもを産んだあとの辛くてみじめな産後の時期を乗り越えてから、彼女は宗教的クエストともいうべきものに人生を捧げた。それは、（人間としては）夫と結婚していながら、（精神のうえでは）キリストと結婚することだった。彼女のクエストの中心には、巡礼と教育というふたつの一般的なものごとが据えられている。

ただし、勇者については詳しく記されている。ケンプは何度も巡礼をして、カンタベリーだけでなく、エルサレム、ローマ、ドイツ、スペインも訪れた。まさに中世ヨーロッパ全体のなかでも、みごとなまでに世界を旅したひとりである。そして、おとなしく黙っているような性格ではない。声高に信仰心について語り、ほかの旅人を叱責したため、多くの人の機嫌を損ねたが、そんなことは気にしないかのごとく振る舞っていた。

教育についてはどうか？

ケンプは、その時代に広く普及し、受け入れられていた宗教の本をいくつか読んだ（もしくはだれかに読んでもらった）。50人の哲学者を出し抜いたアレクサンドリアのカタリナ、ローマ教皇に助言していたスウェーデンのビルギッタといった聖人を自分のモデルにするくらいにはものごとを知っていた。なによりきわだっているのは、ケンプがどうやら聖書をじかに学んでいたということである——みずからの張り詰めた討論で聖書の節を引用できるくらい十分に。だが、中世では賢い女性はなかなか受け入れてもらえない。ケンプはたびたび異教信仰を疑われて捕らえられた。それでも、聖書とキリスト教神学を熟知していたケンプはうまく言い逃れた。何度もだ。たしかに、ケンプは剣も火の玉も使わない。しかし、彼女の時代にイングランド国教会の異教徒迫害が真っ盛りだったことを考えると、彼女の機転がきくすばやい返答はみなすべての勇者の理想だといえる。

なので、もしあなたが自分の旅は最高だから、だれかの代わりにクエストをこなすなどまっぴらだと思うなら、マージェリー・ケンプのようになればいい。めざすは、女性に求められる礼儀作法をすべて破って、うるさく、賢く、けれども絶対に異端にならないふつうの女性である。

でも、まず……

人間の想像力の限界に反して、中世の既婚者は不倫をしなくても恋に落ちることができ、自分の子を救うこととはなんの関係もない冒険にも出かけた。なるほど、もしかするとあなたはまだ、イエメン、スライフ朝の最後の女王アルワのようになりたいと思っているのか。彼女は、自分の宮殿に求婚者がくるのを阻止しようと、文字どおり戦い——軍隊同士の——に打って出た。

それでもアルワでさえ最後には降参して結婚した。少なくとも羊皮紙上では。一緒に暮らさずに。アルワは王子と結婚することも必要だと理解したのだ。だがそれは勇者生活の終わりではない。アルワと、イエメンを統治する女王として自分の力で生き抜いた彼女の54年は、すぐれた外交手腕と戦いにおける冷酷さは別としてもあなたのよいロールモデルになるだろう。

イエメンの年代記作家によれば、美しいアルワはほっそりとはしていなかった——むしろその逆だ。そしてあなたがクエストの成功といつかはするであろう結婚を祝う席についたあかつきには、あなたも絶対にほっそりとはしていない。

王様のように祝宴をあげる

ドラゴンを退治すると英雄になれる。と同時に腹も減る。口にリンゴを入れた豚の丸焼きはどうか？　それは相棒の仕業にちがいない。イタリアの王家、サヴォイア家と張り合うなら、豚の口にオイルに浸した布を詰めなければ。それから布に火をつけて、豚が炎を吐いているように見せる。ついでに、豚は黄金で覆われていなければならない。

１４２０年、サヴォイア家のアメデーオ8世の宮廷ではそうだった。一方、１４５４年、ブルゴーニュ家の善良公フィリップにおいては、静かに私的な朝食をとるにあたってクロウタドリが４２０羽もいれば十分だったと思われる。祝宴では、「8と20」人の音楽家をパイに入れて焼かなければならなかった。いっておくが、生きている音楽家だ。

「火では黄金は溶けない」（大丈夫、「黄金」はたいてい生卵の黄身で、それが豚全体に塗られていた）こと以外に、これらの例で注目すべきポイントはふたつある。まず、アメデーオは自分が完璧に負けたところをその目で見ることはなかったということ。そして、じつはパイのなかの音楽家は生きていて、あなたの吟遊詩人よりよっぽど演奏がうまかった。となると、いったいなにを食べればいいのかということ。

ブルゴーニュのリールで開かれたフィリップの5日にわたる宴には、あなたの席もある。馬上槍試合や寸劇を見るあいまに、あなたは子牛の脳のラビオリをむしゃむしゃ食べたり、異国の砂糖でできた異国のフルーツで歯を傷めたりできる。砂糖でできた偽物の卵や玉ねぎを断れるはずがない。

けれども、その5日間を、暴食の罪を犯すことだけに費やしてはならない。勇者であるあなたなら、いずれ王女と結婚する可能性にくわえて、金、領土、政治権力といった特大の報酬を必ず得るはずだ。そして、そうした権力は宴などの儀式を通して維持しなければならない。ということで、しっかり見ておこう。なぜなら、あなたはまもなく食費というドラゴンと戦い続けるようになるからだ。

1　ほかに選択肢はない

中世のどの時代、どの場所へ行っても、宴を逃れることはできない。モロッコの商人イブン・バットゥータ（1304〜69年）が、ある方角のもっとも近い街から10日、別の方角の街からは24日かかるサハラ砂漠の僻地イワラタの村にたどり着いたとき、村人の最初の応対は祝いの食事をならべることだった。宴と権力との結びつきは「領主《ロード》」や「領主夫人《レディ》」といった称号にさえ焼きつけられている。これらの言葉は古英語のhlafordとhlafdige、つまり「パンの人」と「パン生地をこねる人」に由来している。

中世の宴が、来客に丸パンかプレッツェル（中世の発明）をほいほい手渡すだけですめばよかったのにと思う。あるいは、上品にラザニア（これも中世の発明）を振る舞って、1000フロリン金貨に相当する刺繍《ししゅう》をあしらった飾りつけをするだけでもよかった。中世では、あなたがいつどこへ行っても、宴はもちろんそれを出す主人の富と権力の象徴だった。ところがその後、ものごとが複雑になった。宴の用途が広がって、文化ごと、さらには宴ごとにさまざまに意味を持つようになったのである。

たとえば中世初期と盛期のスカンディナヴィアでは、宴は主人と客の双方向の結びつきを強化するためのものだった。客を招くということはその客に敬意を表することで、招待を受けることは忠誠、同盟、あるいは保護のしるしだった。13世紀までには、新郎と新婦の親たちが、結婚披露宴にどれほど名高い来賓を招待できるかを競うようになっていた。

あるいは、刺繍に1000フロリン金貨を費やすことを考えてみよう。そのような浪費をしたのは1500年に神聖ローマ帝国の支配者だったマクシミリアン1世で、ミュンヘンで仮面舞踏会を開いたときのことである。コスチュームや垂れ幕を帝国のシンボルで飾り立てるためだけに、その糸と刺繍代のほぼすべてが費やされた。スカートの衣ずれの音から吊るされたタペストリーまで、客がどこを見ても、マクシミリアンという名が帝国そのものと同義であることをそのぜいたくな輝きが示していた。

というわけで、祝宴に目を向けよう。学ぶべきことがたくさんある。

2　ホールとは玄関ホールのことではない

ホールの天井を覆う惑星、黄道十二宮の星座、夜空全体を表す藍色の布地。そこに大小さまざまな2500枚の鏡をつけるには、糸を使うか、それとものりかなどと考える前にまず、あなたには心配すべきことが山ほどある。たとえば、ホールそのものなど。

「できるかぎり広い部屋」は方向性としては正しいが、それだけでは不十分だ。中世初期のイングランドなら、たとえば「集落でいちばん大きな建物の内部全体」を使って、ところ狭しとテーブルを入れると考えれば十分だったかもしれない。だが、今は1475年、場所はイタリアのペーザロである。5日間も続くコスタンツォ・スフォルツァとカミラ・マルツァーノ・ダラゴナの結婚披露宴には、それぞれ12人が着席できるテーブルが9つ入るホールが必要だった。くわえて、オルガンを置く場所、金銀の財宝を飾る長テーブル、100人を超える召使いと彼らがたがいにぶつかって転ばないくらい広い空間、バレエができるほど大きい舞台、そして、余興を見ることができるくらいにはエリートだが食事にあずかるほどのエリートではない人たちが座る側面の観覧席も。

こと中世後期の宴に関しては、上限などというものは存在しない。1430年、計画された大饗宴に必要な広さがブルゴーニュ公の宮殿になかったときには、わざわざ建設された。

キリスト教ヨーロッパで例外なく絶対に宴に必要なもののふたつ目はテーブルクロスである。コスタンツォとカミラは披露宴のテーブルすべてを――いくつかは金色に――塗り直して、ともかくそれらに重たい真っ白なリネンをかけた。テーブルクロスとナプキンは、なにもかけない木のテーブルから直接食べて服で指を拭くたんなる農民と自分たちとを分け隔てるものだった。あなたが宴を開くときには、毎回新しいテーブルクロスとナプキンを買うことを忘れないように。いっておくが、ナプキンは複数のセットをそろえなければならない。1回の食事につき複数のセットだ（使用後のことは気にしなくていい。14世紀のパリに行けば、大盛況の中古ナプキン市場が見つかる）。

3 飾りつけの予算はこの世の常識を超える

あなたの城がどれほど堂々としていても、そこにあるホールの見栄えをもっとよくすることはできる。凝ったデザインや神話のワンシーン――古典はけっして流行遅れにならない――をあしらった色とりどりのタペストリーで壁を覆えばまちがいなしだ。最高の宴会デザイン委員会（そう、委員会）は、コスタンツォとカミラの夜空を模した天井の覆いに見られるように、招待客を別世界へ連れていく。彼らの飾りつけにはまた、ロマンと想像力が駆使されていた。ふたりは壁全体に、自分たちの魔法と神秘の世界で森の役目を担う観賞用の草木を生い茂らせていた（もちろん、毎日剪定《せんてい》される）。

テーブルの飾りつけは、装飾と余興、装飾と食べ物の境界をあいまいにする。水の流れる小さな噴水と船の彫刻は9世紀のシャルルマーニュと息子たちにとっては十分だったかもしれない（噴水はまだ人気があったがテーブル上に置かれるのではなくなった。フィリップの1454年の「キジの宴」では、噴水の彫刻が人間の女性の姿になり、客は赤と白のワインをいつでもその彫刻から注ぎ足すことができた。どの部分からかというと……）。けれども15世紀のイタリアでは、炎を吐く金色の豚でもまだ不十分だった。豪華で、エキゾチックで、途方もなく高価な、羽を広げたクジャク――もちろん黄金で覆われている――が火を吹くくらいでないといけない。あるいは木と焼き菓子の生地で作られた城や十字軍バトルの模型など。ひと言アドバイスしよう。城を食べてはいけない。とげがささる。

4　消化不良

1421年、イングランドの王妃キャサリン（危ないヘンリー［8世］ではないヘンリー［5

世」と結婚した）の戴冠式に続く宴は、3コース料理だった。安堵《あんど》のため息をついている場合ではない。3つ目の料理だけでも、エスカルゴの粉末とクリームからなる色とりどりのシロップでコーティングされたデーツ、イルカのロースト、小エビのフライ、ソースがたっぷり塗られたロブスター、大皿に盛られたデーツ、小エビ、赤エビ、大ウナギ、ヤツメウナギのロースト、白エスカルゴ、そして4人の天使があしらわれたミートパイである。1コース1品ではない。

コスタンツォとカミラの12コースはもはや感動的ですらある。あまりに手が込んでいたため、それぞれのコースが振る舞われるたびに、ギリシアの神々の格好をしたふたりの登場人物がスピーチをして料理を紹介したという点で、特に。

5 消化しているあいだはなにをすればいいのかという火急の問題

中世初期と盛期のスカンディナヴィアの宴会にはだれもが参加できて、だれもが酔っ払っていた。そこでは詩人――ときに領主その人――が叙事詩や酒宴の歌を歌った。中世後期のマリではさらにレベルアップして、複数のタイプの詩人に特定のタイプの賞賛や歴史の歌をあてがい、さらに動物を模した儀式用のコスチュームを着用させていた。

1475年のコスタンツォとカミラの結婚式のころまでに、食事はもはや宴会の最低限でしかなかった（ゆえに、観覧席は結婚したふたりが自分たちの余興をできるかぎり多くの人に見せびらかすためだけのものではなく、招待客側も観覧しようと席を奪いあった）。テーブルのセンターピースにくわえて、コース料理のひとつひとつを食べ終わるたびに寸劇や見世物（はなはだおもしろいことに「さりげないもの」と呼ばれていた）が必要で、街中が参加するための入り口のパレードが必要で、長く続く宴の食事と食事のあいだに催しが必要だった。

卓上の十字軍バトルゲームでは、しばしばパフォーマンスエリアで実際に男たちがバトルを再現した（死と負ける部分がない形で）。おそらく1454年だと思われるが、高位の廷臣が白いサテンのローブに黒いコートを羽織って淑女イグレシア――華麗な女性の姿をした教会の化身――を演じた。彼（このときは彼女）はシルクがかけられた巨大な機械のゾウに乗ってホールに入ってきた（と、くだんの廷臣は詳細な年代記の宴部分で述べている。ほかの年代記作家は淑女イグレシアとゾウがいたという点では同意見だが、自分がゾウに乗っていたと語っているのはその廷臣だけである）。

食事と食事のあいだには、徒競走、馬上槍試合、そしてなにより舞踏を見せなければならない。何度もテーブルを片づけて、余興のあとにまた元に戻さなければならないので、覚悟しておこう。それから、とにかく、ワインは大桶で用意しなければならない。そして侍女たちには長いスカートをはかせること。

あなたが考えているような理由ではない（それもあるが）。１３９３年、フランス国王シャルル６世は、中世で最悪なものとしてのちに知られるようになった宴を開いた。宴のハイライトは仮面舞踏会だったが、そこで起きた悲劇は毒殺ではない。来客への楽しいサプライズとして、蛮族の格好をしたダンサーの一団がホールに飛び込み、いかにも蛮族らしく走り回ったのだ。彼らのコスチュームはリネン、タール、そして毛むくじゃらに見せるための繊維でできていた。時は夜、ホールの照明はすべてたいまつだった。

仮面舞踏会の名前は「燃える人の舞踏会《バル・デ・アルダン》」――なにが起きたかはその名称から想像がつくが、あまり知りたくはない。

４人のダンサーは苦しみながら死んだ。ひとりはワインの大桶に飛び込んで助かった。最後のひとりは、見物していた少女が駆け寄って自分のスカートの下に隠したために命拾いをした。そのダンサーがフランス国王だった。勇気を出して王を救おうとし、成功させるだけの知恵を持っていたのは、そのベリー女公ジャンヌただひとりだった（ジャンヌのようになろう。シャルルではなく）。

６　宴とは身を任せて楽しむものでもある

「晩餐」という言葉は当初、たいてい夜遅くに振る舞われた、宴のあとのもうひとつの食事という意味から始まった。ほかの食事とは異なり、晩餐はビュッフェスタイルで出された。そして、なにより重要なことに、セルフサービスのワインが飲み放題だった。イスラム教の世界では、晩餐によく似た食事が、飲みたい人に公にアルコールが提供される唯一の時間だった。飲む人には食事も出されたため、酔いが回るまで時間がかかり、たくさん飲むことができた。

つまり、深夜の酔っ払いがとっていた軽食を格式ばった食事に変えたのは中世だったのだ。あなたが飲まなくても、次の日のゴシップのネタはたくさん見つかる。

ふりだしに戻る

見知らぬ訪問者はパタンと本を閉じた。目を輝かせている。「どう思う？」あなたは表紙の文字をたどる。宗教アートによくあるデザインだ。「デ　ド・ミ・ニ・ス　ド・ラ・コ・ヌ・ム」。「えっと」とあなた。「タイトルがっていう意味」謎の人物は目をしばたたいた。「ああそれか」。朝日が地平線から顔を出す。「それは『ドラゴンマスターについて』という意味さ」。そして本を差し出す。「きみのものだ」ということで、長靴を履き、剣を手に取って、最後にもう1度村を振り返ろう。あなたはドラゴンを倒さなければ。

謝辞

もしこの本がときどき『15世紀ドイツと10世紀カイロにおけるファンタジー・ヒーローの手引き』のように読めるなら、それは、ノートルダム大学のすばらしい学者でわたしのメンターでもあるジョン・ヴァン・エンゲンとオリヴィア・レミー・コンスタブルへの敬意のしるしである。15世紀のドイツ人がいうところの「ane sie laufft niht」だ。

すべての作家、すべての本と同じように、わたしの「この人がいなければなにもできなかった」人々はきわめて多く、ひとりひとりに感謝の言葉を述べているとあまりに長い本ができあがり、わたしの犬でさえ1度に食べきれない分量になってしまう。それでも。マーク・エヴァンスはいたれり尽くせりで手を差し伸べてくれ、わたしを笑わせることも忘れなかった。本人は否定するだろうが、パット・ワーダはいちばんの聞き上手だった。答えが見つからなかったときはいつでも、フアン・セバスティアン・レウィンを頼ることができた。

ケイトリン・スミス、アンナ・マンロー、ボビー・デリー、ヨハネス・ブライト、ロエル・コネニディク、ウィル・ナイト、ハンター・ヒギソン、アダム・バー、ブラッド・グラウンドウォーター、キャシディ・パーココ、C・D・マーメル、ダン・ハウレット、ドミニク・ウェブ、フレイザー・レイバーン、ハンナ・フリードマン、J・ポーター、ジェイションング・キング、ジェン・ビニス、ジェレミー・ソルケルド、ジョナサン・ディーン、カイル・ピットマン、リサ・ベア＝ツァルファティ、マックス・マクフィー、マイク・シーモン、ネイザン・カシマー、ロブ・ウィアア、ローリー・マクゴワン＝スミス、サラ・ギルバート、シホン・リン、サイモン・ラム、ステファン・アクイレ・クィロガ、トーマス・ロビッツ、ティム・バイロン、トラヴィス・ウォーロウ、タイラー・オルダーソン、そしてザヴィエル・コルテスは、スカーバラフェアとの往復に必要以上につきあってくれた。ロン・ジェイムズはすべての歴史の真髄を語るストーリーテリングの美しくて恐ろしい力を教えてくれた。彼の知恵と友情のおかげで、わたしは毎日なぜこの本を書いているのかを思い出すことができた。

セント・ルイス大学とノートルダム大学の図書館のスタッフは奇跡の腕前で、放って置いたなら埃を被ったまま埋もれてしまいかねない資料を探し出してくれた。わたしの両親、ジェフリーとキャスリーンは、わたしがなにもしなくていいようにわたし自身のドラゴンを倒し続けてくれている。ゲーム『シヴィライゼーションVI』と『エウロパ・ウニヴェルサリスIV』のサウンドトラックはいつも気分を盛り上げてくれた。

どういうわけかこれまで「本を書く」ことには書く以上のことがたくさんかかわっているの

だと気づいていなかった。わたしの執筆についてわたし自身よりもなぜかよく知っている編集者のロニー・アルヴァラドのおかげで、苦しみながらもそれに気づくことができた。ブルーノ・ソリスはたんなるイラストレーターではなくアーティストでインスピレーションを与えてくれる人だ。パトリック・サリヴァンとジェニー・チュンは、強力な魔術《マレフィチウム》でわたしのワードの文書を実際の本に仕上げてくれた。

けれども、なにはさておき、本書は歴史フォーラムAskHistoriansのコミュニティがなければ存在しなかった。鋭い眼識を持つ人、探究者、読者、そしてなによりわが友管理人たち。マクデブルクのメヒティルトがいうように（こちらは13世紀のドイツ）、彼らは黄金にあたる太陽《サン・アゲンスト・ゴールド》のようにわたしの魂を照らしている。

資料一覧

下記の翻訳者と作者にくわえて、本書はたくさんの学者の研究に負うところが大きい。以下に名を挙げるが、この限りではない。John Van Engen, Dan Hobbins, Claire Jones, Olivia Remie Constable, Brad Gregory, Hildegund Muller, Paul Acker, Anna Akasoy, Judith Bennett, Karl Bihlmeyer, Renate Blumenfeld-Kosinski, Albrecht Classen, Karin Graf, Monica Green, Ulrich Haarmann, Barbara Hanawalt, Lars Ivar Hansen and Bjornar Olsen, Geraldine Heng, Tamar Herzig, Kathryn Kerby-Fulton, Nehemia Levtzion and Jay Spaulding, Kathleen Llewellyn, Bernd Moeller, Tom Shippey, Gerald Strauss, and Werner Williams-Krapp.

1. Bailey, Michael. "From Sorcery to Witchcraft: Clerical Conceptions of Magic in the Later Middle Ages." *Speculum* 76, no. 4 (2001): 960–90.
2. de la Brocquiere, Bertrandon. *Le Voyage d'Outremer de Bertrandon de la Broquiere*, ed. C. H. Schefer (E. Leroux, 1892), 22.
3. El Daly, Okasha. Egyptology: *The Missing Millennium: Ancient Egypt in Medieval Arabic Writings*. UCL Press, 2005.
4. Fanger, Claire. *Rewriting Magic: An Exegesis of the Visionary Autobiography of a Fourteenth-Century French Monk.* The Pennsylvania State University Press, 2015.
5. Frohlich, Walter., trans. and comm. *The Letters of St. Anselm of Canterbury*. 3 vols. Cistercian Publications, 1990.
6. Haarmann, Ulrich. Introduction to *Das Pyramidenbuch des Abu Ga'far al-Idrisi.* Franz Steiner Verlag, 1991, 1–94.
7. Heller, Sarah-Grace. "Angevin-Sicilian Sumptuary Statutes of the 1290s: Fashion in the Thirteenth-Century Mediterranean." *Medieval Clothing and Textiles* 11, edited by Robin Netherton and Gale R. Owen Crocker (2015): 79–97.

8. Mulder-Bakker, Anneke B. *The Dedicated Spiritual Life of Upper Rhine Noblewomen: A Study and Translation of a Fourteenth-Century Spiritual Biography of Gertrude Rickeldey of Ortenberg and Heilke of Staufenberg.* Brepols, 2017.
9. Radner, Joan N., trans. *Fragmentary Annals of Ireland*. University College Cork CELT Project. 2004, 2008. https://celt.ucc.ie/published/T100017.html.
10. Riley, Henry Thomas, ed. *Munimenta Gildhallae Londoniensis*. 3 vols. Longman, Green, Longman, and Roberts, 1860.
11. ———, ed. and trans. *Memorials of London and London Life in the XIIIth, XIVth, and XVth Centuries: Being a Series of Extracts, Local, Social, and Political, from the Early Archives of the City of London*. Longmans.
12. Smith, Martyn. "Pyramids in the Medieval Islamic Landscape: Perceptions and Narratives." *Journal of the American Research Center in Egypt* 43 (2007): 1–14.
13. Tlusty, B. Ann, ed. and trans. *Augsburg During the Reformation Era: An Anthology of Sources*. Hackett Publishing Company, 2012.

参考文献

1. Bennett, Judith. *Ale, Beer, and Brewsters in England: Women's Work in a Changing World, 1300–1600*. Oxford University Press, 1996.
2. Brink, Stefan, with Neil Price. *The Viking World.* Routledge, 2008.
3. Constable, Olivia Remie. *Housing the Stranger in the Mediterranean World: Lodging, Trade, and Travel in Late Antiquity and the Middle Ages*. Cambridge University Press, 2004.
4. Corfis, Ivy A., and Michael Wolfe. *The Medieval City under Siege*. Boydell & Brewer, 1999.
5. Cortese, Delia, and Simoneta Calderini. *Women and the Fatimids in the World of Islam*. Edinburgh University Press, 2006.
6. Daston, Lorraine, and Katherine Park. *Wonders and the Order of Nature, 1150–1750.* Zone Books, 1998.
7. Freedman, Paul. *Out of the East: Spices and the Medieval Imagination*. Yale University Press, 2009.
8. Herrin, Judith. *Women in Purple: Rulers of Medieval Byzantium*. Princeton University Press, 2001.
9. Madigan, Kevin. *Medieval Christianity.* Yale University Press, 2015.

10. Magnusson, Roberta. *Water Technology in the Middle Ages: Cities, Monasteries, and Waterworks after the Roman Empire.* Johns Hopkins University Press, 2001.
11. *Medieval West Africa: Views from Arab Scholars and Merchants,* edited and translated by Nehemia Levtzion and Jay Spaulding. Marcus Wiener Publishers, 2003.
12. Naswallah, Nawal. *Annals of the Caliphs' Kitchens: Ibn Sayyar al-Warraq's Tenth-Century Baghdadi Cookbook*. Brill, 2007.
13. *A Renaissance Wedding: The Celebrations at Pesaro for the Marriage of Costanzo Sforza and Camilla Marzano d'Aragona, 26–30 May* 1475, edited and translated by Jane Bridgeman with Alan Griffiths. Brepols, 2013.
14. Sumption, Jonathan. *Pilgrimage: An Image of Medieval Religion.* Faber and Faber, 2002.
15. Truitt, E. R. *Medieval Robots: Mechanism, Magic, Nature, and Art*. University of Pennsylvania Press, 2015.

【カバーおよび本文イラスト】
ブルーノ・ソリス Illustrations by Bruno Solís

【著者】ケイト・スティーヴンソン（Cait Stevenson）
インディアナ州ノートルダム大学で中世史の博士号を取得。学問としての歴史と一般市民の歴史のあいだにあるバリアとヒエラルキーを取り払うことに力を入れている。インターネット最大の歴史フォーラム AskHistorians では sunagainstgold というアカウント名で管理人を務め、中世の相続法から7世紀のおもちゃのピストルまで幅広いトピックについて執筆している。ミズーリ州セントルイス在住。

【訳者】大槻敦子（おおつき・あつこ）
慶應義塾大学卒。訳書にウッド『捏造と欺瞞の世界史』、クィンジオ『鉄道の食事の歴史物語』、マーデン『ミラーリングの心理学』、ジョーンズ『歴史を変えた自然災害』、スウィーテク『骨が語る人類史』、ハンソン＆シムラー『人が自分をだます理由』、カイル『ネイビー・シールズ最強の狙撃手』などがある。

中世《ちゅうせい》ヨーロッパ「勇者《ゆうしゃ》」の日常生活《にちじょうせいかつ》

日々《ひび》の冒険《クエスト》からドラゴンとの「戦《たたか》い」まで

2023年9月25日　第1刷

著者…………ケイト・スティーヴンソン
訳者…………大槻敦子《おおつきあつこ》
装幀…………伊藤滋章

発行者…………成瀬雅人
発行所…………株式会社原書房
〒160-0022 東京都新宿区新宿 1-25-13
電話・代表 03（3354）0685
http://www.harashobo.co.jp
振替・00150-6-151594

印刷…………新灯印刷株式会社
製本…………東京美術紙工協業組合

ISBN978-4-562-07342-9, Printed in Japan